Heinz-Jürgen Herzlieb

Das professionelle 1x1

Von der Führungskraft zum Coach

Cornelsen

Die Deutsche Bibliothek – CIP-Einheitsaufnahme

Ein Titeldatensatz für diese Publikation ist
bei Der Deutschen Bibliothek erhältlich.

Verlagsredaktion: Ralf Boden
Layout und technische Umsetzung: Theo Spangenberg, Neunkirchen
Umschlaggestaltung: Bauer + Möhring grafikdesign, Berlin

Cornelsen online http://www.cornelsen.de

1. Auflage Druck 4 3 2 1 Jahr 05 04 03 02

Druck: Lengericher Handelsdruckerei

ISBN 3-464-49090-4

Bestellnummer 490904

Gedruckt auf säurefreiem Papier,
umweltschonend hergestellt aus chlorfrei gebleichten Faserstoffen.

Geleitwort

Je schwieriger die Rahmenbedingungen und je komplexer das Marktgeschehen werden, umso deutlicher wird sich zeigen, dass nur die Unternehmen langfristig erfolgreich bleiben werden, die sich längerfristig auf kompetente und vor allem effektive Führungskräfte verlassen können.

Führungskompetenz ist allerdings wesentlich mehr als Lehrbuchwissen – auch wesentlich mehr als Erfahrungswissen. Führungsinstrumente und Führungsphilosophien, die in der Vergangenheit erfolgreich waren, müssen heute nicht automatisch weiterhin wirkungsvoll sein, denn die Probleme von morgen lassen sich nicht mit den Methoden von gestern lösen. Erfolgreiches Führen bedingt in höchstem Maße situativ flexibles Agieren und die Fähigkeit, sich schnell und sicher auf Situationen und Menschen einzustellen. Führen ist kein Job – Führen ist eine höchst anspruchsvolle Tätigkeit, in der Vorgesetzte es jeden Tag aufs Neue schaffen müssen, mit Souveränität und Sensibilität effektiv zu führen.

Führen wird allerdings nur dann effektiv sein, wenn der Vorgesetzte es schafft, sich auf das Wesentliche – seine Führungsaufgabe – zu konzentrieren. Wenn die Führungskraft es schafft, die Mitarbeiterinnen und Mitarbeiter in ihrem Verantwortungsbereich erfolgreich zu machen und sich permanent in ihren fachlichen, persönlichen und sozialen Kompetenzen gezielt weiter zu entwickeln, dann multipliziert sich die Wirkung der Führung.

Coaching richtig verstanden ist ein Verständnis der Vorgesetztenfunktion, das sowohl auf Transparenz und Klarheit als auch auf Konsens und Flexibilität basiert. Im Coachingprozess werden Mitarbeiterinnen und Mitarbeiter immer wieder gefordert, sich mit neuen Aufgaben und Problemen aktiv und lösungsorientiert auseinanderzusetzen. Fördern durch fordern ist ein wesentliches Element des Coaching.

Die Philosophie und Methodik des Coaching werden vor allem dann der Schlüssel zum Erfolg sein, wenn die Führungskraft bzw. der Coach gleichzeitig auch bereit ist, sich selbst permanent weiter zu entwickeln. Coach der Mitarbeiterinnen und Mitarbeiter zu sein und gleichzeitig mit Konsequenz und Sensibilität die eigene Weiterentwicklung im Sinne eines kontinuierlichen Verbesserungsprozesses gezielt zu betreiben, sollte der Anspruch jedes Vorgesetzten sein, der auch zukünftig nachhaltig erfolgreich bleiben möchte. Akzeptanz und Loyalität der Mitarbeiterinnen und Mitarbeiter werden dann die Grundlage für das Erreichen ambitionierter geschäftlicher Zielsetzungen sein.

im September 2002

Dr. Gereon Sommerhäuser

Geschäftsführer der Magic Media Company
TV-Produktionsgesellschaft mbH, Hürth

Vorwort

Was macht den Coach genau aus? – Eine Frage, auf die es so viele Antworten gibt, wie unterschiedliche Definitionen des Begriffs existieren – vielfach in Verbindung mit einem eher weichen Führungsverhalten.

Wichtiger als Diskussionen über Begriffe scheint mir das Ergebnis zu sein. Deshalb steht im Mittelpunkt dieses Buches die Metapher des Caoching als energiesparendes Führen. Wer sich in Richtung Coach entwickelt, wird damit bessere Resultate mit zufriedeneren Mitarbeitern erreichen, ohne unnötig Energie dafür aufzuwenden oder gar zu verschwenden. Oder mit geringerem Energieeinsatz die gleichen Resultate wie bisher zu erzielen.

Das »Energiesparen« setzt sowohl beim Coach selbst an als auch beim Mitarbeiter: Die Zusammenarbeit so zu gestalten, dass knappe Zeit und begrenzte Ressourchen optimal genutzt werden und dies vor allem ohne unnötige emotionale Energieverschwendung wie Ärger und Frust, ist das herausfordernde aber auch erreichbare Ziel.

Klüger statt härter arbeiten und führen – der Coach weiß, wie es geht. Das entsprechende Know-how ist in diesem Buch zusammengetragen – viel Spaß und Aha-Erlebnisse beim Lesen und Erfolg beim Umsetzen wünscht Ihnen der Autor!

Niedernberg, im Herbst 2002 *Heinz-Jürgen Herzlieb*

Inhaltsverzeichnis

Einleitung

Teil 1: Grundlegende Gedanken

Teil 2: Coaching als solches – Idee und Zielrichtung

Teil 3: Die Umsetzung des Coaching in den Kernaufgaben des Vorgesetzten

Teil 4: Die Methodik des Coaching

Einleitung

1 Der Vorgesetzte zwischen Unternehmens- und Mitarbeiterinteressen

Die Führungskräfte und damit deren Führungsaufgaben stehen immer wieder im Brennpunkt unterschiedlicher und teilweise deutlich gegenläufiger Interessenlagen von Unternehmensleitung und Mitarbeitern:

von Führungskräften werden Spitzenleistungen erwartet

Der Unternehmer oder das Management erwartet von Führungskräften Spitzenleistungen: Auf der Basis einer möglichst uneingeschränkten Loyalität werden die Bereitschaft und die Fähigkeit vorausgesetzt, ambitionierte Unternehmensziele auch gegen Widrigkeiten und Widerstände durchzusetzen, Strategien zu realisieren, die möglichst problemfrei den Weg zum Ziel vorzeichnen, alle auf dem Weg zum Ziel auftretenden Probleme aus dem Weg zu räumen, Konfliktpotenziale frühzeitig zu erkennen und eventuelle unvermeidbare Konflikte schnell und sicher im Unternehmensinteresse zu klären.

Auf dem Papier – sprich in Führungsleitsätzen – steht die Führungsaufgabe oft zumindest gleichwertig neben den Sachaufgaben – vom Zeitfaktor her bleibt beim näheren Hinsehen de facto allerdings oft nur ein geringer Zeitanteil für das eigentliche Führen. Die Anforderungen an das Knowhow der Führungskräfte steigen permanent: Einerseits wird das fachlich notwendige Wissen immer komplexer und kurzlebiger, andererseits wechseln neue Führungsmodelle und neue Führungsinstrumente auch in immer kürzer werdenden Zyklen – selbst wenn bei näherem Hinsehen nicht jedes als neu apostrophierte Führungsmodell wirklich neu und sinnvoll ist.

Mitarbeiter sind selbstbewusster geworden

Mitarbeiter sind in den vergangenen Jahren zum einen eindeutig selbstbewusster und selbstsicherer geworden und lassen sich nicht ohne weiteres Ziele und Aufgaben überstülpen, mit denen sie sich nicht identifizieren können oder deren Erreichbarkeit ihnen aufgrund der Rahmenbedingungen fraglich erscheint. Die zunehmende Spezialisierung der Aufgaben gibt auch dem Führen eine neue Dimension – Führen von Spezialisten stellt besondere Anforderungen an die Wahrnehmung der Führungsaufgaben und kann kaum noch auf der Grundlage von höherer Fachkompetenz der Führungskraft stattfinden – andere Kompetenzen gewinnen einen deutlich höheren Stellenwert. Zum anderen fehlt auf Mitarbeiterebene manchmal auch die notwendige Qualifikation – einerseits ist die Zeit für die permanente Weiterqualifikation neben dem turbulenten Tagesgeschäft häufig zu knapp, andererseits setzen Unternehmen auch zunehmend auf jüngere und damit als Kostenfaktor preiswertere Mitarbeiter, die allerdings aufgrund ihres Alters und ihrer eher geringen Berufserfahrung nur bedingt qualifiziert sind: sowohl grundlegendes Know-how als auch Erfahrungswissen und Routine fehlen und sind nicht von heute auf morgen beliebig herzustellen.

Lassen sich die Aufgaben noch mit dem klassischen Verständnis und den klassischen Führungsinstrumenten bewältigen?

Dies führt zwangsläufig zu der Frage, ob Führungskräfte in der in vielen Aspekten geänderten Situation die daraus entstehenden Anforderungen an die Führungsaufgabe noch mit dem klassischen Verständnis und mit den klassischen Führungsinstrumenten bewältigen können. Und wenn nicht, stellt sich die Frage, welche Prinzipien und welche Art und Weise der Führung dann geeignet sind, unter den geänderten Vorzeichen als Vorgesetzter erfolgreich zu bleiben.

1.1 Viele Erwartungen konzentrieren sich auf Führungskräfte

Extremer Wettbewerb verlangt Höchstleistungen

Wenn Sie die Wirtschaftspresse studieren, finden Sie einerseits regelmäßig Hinweise auf eine hohe Zahl von Insolvenzen, andererseits beherrschen Fusionen – sei es auf freundlicher oder auf feindlicher Basis – die Schlagzeilen. Hintergrund dieser Entwicklung ist letztlich der extreme Wettbewerb und der Kampf um Marktanteile. Diesen Kampf können nur die Unternehmen bestehen, die auf Höchstleistung getrimmt sind. Wenn vielleicht vor Jahren noch Missmanagement und Führungsfehler wieder ausgeglichen werden konnten, kann sich heute kein Unternehmen mehr gravierende Fehler leisten. Zu schnell und zu gnadenlos eliminiert der Markt die Unternehmen mit Defiziten. Während früher die großen die kleinen überrollt haben, sieht es heute so aus, dass die langsameren Unternehmen zum Opfer der schnelleren werden. Schnelligkeit bedingt flache Hierarchien – bürokratisch organisierte Unternehmen mit langen Dienst- und Instanzenwegen sind hier eindeutig im Nachteil. Flache Hierarchien mit schnellen Entscheidungswegen wiederum fordern Führungskräfte und Mitarbeiter in höherem Maße. Auch zu dieser Situation muss die Art und Weise der Führung passen.

Führungskräfte: Erfolgsfaktor oder Engpass

Führungskräfte sind Dreh- und Angelpunkt von Veränderungen

Führungskräfte sind aus Sicht der Unternehmen Dreh- und Angelpunkt von Veränderungen. Führen heißt multiplizieren, wenn die Hebelwirkung des Führens greift. Wenn die Führungskräfte ihre Führungsaufgabe qualifiziert wahrnehmen, dann sollte sich das Ergebnis vervielfachen: Effiziente Information stellt sicher, dass die Mitarbeiter die für ihre Aufgabenerfüllung notwendigen Informationen parat haben und bei Bedarf gezielt auf das darüber hinaus notwendige Wissen zugreifen können. Richtige Delegation von Verantwortung führt zu schnelleren Prozessen und zu zügigen und richtigen Entscheidungen. Gezielte und strategisch ausgerichtete Qualifizierung von Mitarbeitern führt zu einer hohen Qualität in der Aufgabenerfüllung.

Dies vor allem dann, wenn die Führungskräfte das Know-how, die Möglichkeiten, die Bereitschaft und die Fähigkeit haben, die Führungsaufgabe in dieser Form wahrzunehmen.

Überlastete Führungskräfte werden zwangsläufig zum Engpassfaktor

Führungskräfte jedoch, die überlastet sind und deshalb ihre Multiplikatorenfunktion nicht oder nur unzureichend wahrnehmen können, werden dadurch zwangsläufig zum Engpassfaktor: Sie verwalten Informationen, die sie aus Zeitgründen nicht verarbeiten können; sie können wichtige Entscheidungen nicht überlegt treffen, weil sie zu viel an Administration und Routineaufgaben bewältigen müssen, sie finden keine Zeit für konzeptionelles Denken und kreatives, zukunftsorientiertes Agieren, weil sie zu eng in das Tagesgeschäft eingebunden sind. Damit blockieren sie auch die Veränderungsfähigkeit eines Unternehmens und bremsen die notwendige Dynamik von Veränderungsprozessen. Und das in einem Umfeld, in dem vor allen die Unternehmen erfolgreich sein werden, die in der Lage sind, sich ständig schnell zu verändern.

Bei der Führungskräftequalifikation hat Sachkompetenz einen hohen Stellenwert

Auch wenn neben der Qualifizierung im Bereich der Hard-facts zunehmend auch die weichen Faktoren in der Führungskräftefortbildung eine Rolle spielen, überwiegt von der zeitlichen Gewichtung her noch immer eindeutig die sach- und fachbezogene Ausbildung. Schließlich steigen auch die Anforderungen in fachlicher Hinsicht permanent an. Die Halbwertzeit des Wissens hat sich radikal verkürzt. Die zu bewältigenden und zu verarbeitenden Informationsmengen lassen in Bezug auf fachliches Know-how, Marktentwicklung, Trends etc. wenig Raum, sich mit Soft-Themen befassen zu können.

Führungskräfte in der Sandwich-Position

Druck von unten – Druck von oben

Druck von unten – Druck von oben – manche Führungskräfte befinden sich in der so genannten Sandwich-Position, aus der es scheinbar kein Entrinnen – keinen gangbaren Ausweg gibt.

Jeder Vorgesetzte hat in der Regel etliche Jahre als Mitarbeiter auf der ausführenden Ebene gearbeitet und dabei die Rolle und die Situation des Mitarbeiters in positiven aber auch negativen Schattierungen erlebt. Mit dem oft lange angestrebten Aufstieg in die erste Führungsaufgabe schütteln Führungskräfte die Erfahrungen und die Verhaltensmuster dieser Rolle natürlich nicht so einfach ab. Oft tun sie sich zunächst eher schwer mit der Führungsaufgabe und erleben einen inneren Konflikt: Sie wollen es auf jeden Fall besser machen als sie es bei schlechten Vorgesetzten erlebt haben und zeigen dabei sehr viel Verständnis für die Sorgen und Nöte der Mitarbeiter. So viel Verständnis, dass sie nur zögernd und vorsichtig führen. Sie scheuen klare Anweisungen, drücken bei Fehlern eher ein Auge zu und sprechen Lob schon aus, wenn die Leistung nur annähernd den Erwartungen entspricht.

zu viel Verständnis für die Mitarbeiter

So kann eine Situation entstehen, in der die Mitarbeiter merken, dass sich Widerstand auszahlt: Wenn der Vorgesetzte zu schnell bereit ist, bei Widerstand die Anforderungen an die Leistung zu reduzieren, fehlt letztlich der Ansporn, sich wirklichen Herausforderungen zu stellen. Der vermeintlich gute Vorgesetzte sieht sich einem zunehmenden Druck von unten ausgesetzt, die Mitarbeiter nicht zu überfordern, sondern sich stärker für deren Interessen einzusetzen.

Andere versuchen, beim Aufstieg in die Führungsebene dadurch erfolgreich zu sein, dass sie von vornherein eine sehr markante, dominierende Vorgesetztenrolle einnehmen und entsprechend Druck ausüben. Damit handeln sie sich Widerstände ein; Gegendruck entsteht und verstärkt sich, je mehr sie versuchen, sich durchzusetzen. Das Führen wird dadurch zunehmend mühsam.

dominierende Vorgesetztenrolle

Zum anderen erfährt die Führungskraft auch Druck von oben: zunächst in Form von Zielvorgaben und deren Controlling. Zunächst brachte die Ausrichtung auf die Wünsche und Bedürfnisse der Kunden immer ambitioniertere Ziele mit sich, dann führte der Gedanke des Shareholdervalue dazu, dass die Erwartungen an das wirtschaftliche Ergebnis des Unternehmens zunehmend gestiegen sind, was sich ebenfalls in herausfordernden und kurzlebigen Zielvorstellungen widerspiegelt. Beim Nichterreichen oder Verfehlen von Zielen hat der dann in Form von entsprechend harscher Kritik entstehende Druck einen sehr realen Hintergrund, der sich in den betriebswirtschaftlichen Zahlenwerken und letztlich in einer Ertragsgröße widerspiegelt.

Führungskräfte im Focus der Weiterbildungsbranche

Nicht genug, dass aus Sicht des Unternehmens die Führungskräfte als Leistungsträger, Muliplikatoren und Know-how-Träger unter besonderen Anforderungen stehen, auch die Aktivitäten von Trainingsunternehmen richten sich schwerpunktmäßig an die Zielgruppe der Führungskräfte. Im Mittelpunkt der vielfältigen Weiterbildungsprogramme stehen in erster Linie Führungskräfte, manche Seminare locken mit schneller Umsetzbarkeit von Methoden, versprechen wirkungsvolle Unterstützung und hinterlassen das Gefühl, etwas Wichtiges zu versäumen, wenn man die Angebote nicht wahrnimmt.

Die Angebote der Weiterbildungsbranche richten sich vielfach noch in erster Linie an Führungskräfte

2 Die Situation der Unternehmen heute

Einige Anforderungen sind bewältigt: Zertifizierung, Business-Reengineering, Prozessoptimierung

In der wirtschaftlich schwieriger werdenden Situation hat bereits vor Jahren eine Welle von Restrukturierungsprogrammen die Unternehmen erfasst. Unternehmen haben versucht, sich konsequent auf ihr Kerngeschäft im Rahmen der eigenen Kernkompetenzen zu konzentrieren und dieses Kerngeschäft zu optimieren. Nicht rentable Geschäftsfelder wurden aufgegeben oder outgesourct. Bei den verbleibenden Geschäftsfeldern wurden die Prozesse intensiv analysiert und optimiert. In umfangreichen Dokumentationen sind die Abläufe detailliert festgehalten; die meisten zertifizierten Unternehmen haben zwischenzeitlich weitere Audits erfolgreich absolviert. Damit sind generell auf dem Sektor der Prozessoptimierung in Unternehmen große Fortschritte erreicht worden.

Generell sind auf dem Sektor der Prozessoptimierung in Unternehmen große Fortschritte erreicht worden

Neue Anforderung Qualitätsmanagement nach dem EFQM-Standard

Noch im Anfangsstadium steht die Orientierung auf die Qualitätsanforderungen nach dem EFQM-Standard. Dieses neue Modell einer europäisch ausgerichteten Qualitätsoffensive bezieht neben den harten Faktoren zur Qualtitätsmessung nun auch »weiche Faktoren« mit ein. Die Voraussetzungen für den European Quality Award sind anspruchsvoll.

Kriterien für den European Quality Award

Als Maßstab gelten mit der jeweils angegebenen Gewichtung die folgenden Qualitätskriterien:

- Kundenzufriedenheit 20 %
- Geschäftsergebnisse 15 %
- Prozesse 14 %
- Führung 10 %
- Mitarbeiterorientierung 9 %
- Ressourcen 9 %
- Mitarbeiterzufriedenheit 9 %
- Politik und Strategie 8 %
- Gesellschaftliche Verantwortung 6 %

Führungskräfte werden künftig noch stärker gefordert sein

Es zeichnet sich damit klar ab, dass Führungskräfte künftig noch stärker gefordert sein werden. Die Qualität der Führung wird zu einem Erfolgsfaktor, der nicht mehr ignoriert oder verharmlost werden kann.

Gestiegene Anforderungen an die Qualität

Ob mit oder ohne den Anspruch, das EFQM-Modell zu implementieren, die Anforderungen an die Qualität sind enorm gestiegen. Jedes Unternehmen investiert heute in das Erreichen hoher Qualitätsstandards – ohne deshalb im Wettbewerb eindeutige Vorteile zu haben. Es ist im Gegenteil so, dass es sich kein Unternehmen leisten kann, in der Qualität hinter Mitbewerbern zurückzustehen. Top-Qualität wird zum Muss – der Wettbewerbsvorteil entsteht allerdings fast ausschließlich über die Fähigkeit, einen Zusatznutzen zu bieten. Diesen zu entdecken und umzusetzen ist die zentrale Anforderung an Unternehmen, und damit an die in Unternehmen tätigen Menschen.

Top-Qualität wird zum Muss, Wettbewerbsvorteile entstehen aber nur aus Zusatznutzen

Anspruchsvolle Kunden fordern konsequente Kundenorientierung

Das Selbstbewusstsein der Kunden ist enorm gestiegen. Die Zeiten des abwartenden und dankbaren Kunden sind ein für alle Male vorbei. Nur wenige Kunden zeigen heute noch von vornherein Verständnis für Fehler und Wartezeiten; insbesondere im Umgang mit dem Kunden ist höchste Professionalität gefordert; Professionalität sowohl auf der Seite der harten Faktoren als auch im Bereich der weichen Faktoren. Wer ein Produkt reklamiert, erwartet eine sehr schnelle Klärung des Sachverhalts und auch sehr schnell eine korrekte Lösung, beispielsweise eine Ersatzlieferung. Darüber hinaus erwartet er Akzeptanz und Verständnis für seine Ansprüche und professionelles, entgegenkommendes Eingehen auf seine aktuelle Stimmung und Befindlichkeit.

Mehr leisten mit weniger Mitarbeitern

Seit die wirtschaftliche Entwicklung nur noch verhalten und unter Schwierigkeiten läuft, haben Unternehmen unter anderem auch mit Einstellungsstop oder sogar mit Stellenabbau reagiert. Im öffentlichen Dienst beispielsweise gibt es das Ziel einer Personalreduzierung um 1,5 Prozent pro Jahr. Die Aufgaben werden dabei in der Regel nicht weniger. Natürlich haben Reengineeringprozesse auch dazu geführt, dass Aufgaben weggefallen sind. Andererseits sind die Anforderungen an die Leistung generell gestiegen. Per saldo ist in den meisten Unternehmen das Volumen der Aufgaben eher gestiegen.

Praxisbeispiel:

In einem mittelständischen Unternehmen werden hochwertige Reisemobile hergestellt. Das Unternehmen hat einen hervorragenden Ruf am Markt; die Produktion ist im Ge-

gensatz zur Situation bei manchem Mitbewerber auf Monate hinaus ausgelastet. Dieser Erfolg basiert im Wesentlichen auf hohen Qualitätsstandards und auf einer konsequenten Kundenorientierung. Diese führt zunehmend dazu, dass die Reisemobile sehr individuell auf die Wünsche der einzelnen Kunden hin produziert werden. Sogar auf kurzfristige Sonderwünsche versucht man auch noch während der Produktion zu reagieren. Das führt natürlich zu erhöhtem Arbeitsaufwand insgesamt, zu höherem Zeitaufwand im Detail, damit zu längeren Durchlaufzeiten insgesamt, Einkauf und Lagerhaltung müssen die geforderte Flexibilität unterstützen. Nachdem die Kunden gleichzeitig aber auch preisbewusster geworden sind und Mitbewerber sich preisaggressiv im Markt bewegen, gerät die Marge unter Druck. Die Qualitätssicherung führt dazu, dass zunehmend mehr an Dokumentation erforderlich ist; die Notwendigkeit, die Produktion zu optimieren, Abstimmungsnotwendigkeiten innerhalb des Unternehmens, mit Kunden und Lieferanten kosten zusätzlich Erhebliches an Zeit.

FAZIT: Das gleiche Produkt wird trotz höherer Qualität nur in einer geringeren Marge verkauft, deshalb muss es gelingen, trotz erhöhtem Zeitaufwand die Effektivität insgesamt nachhaltig zu steigern. Dies allerdings ohne die Einstellung neuer Mitarbeiter, da die Personalkosten bereits stärker gestiegen sind als die Erlöse.

Kritische, selbstbewusste Mitarbeiter

Mitarbeiter fordern ihre Vorgesetzten

Gerade die jüngere Generation der Mitarbeiter geht mit einem anderen, stärkeren Selbstbewusstsein an ihre Aufgaben heran. Diese Mitarbeiter fordern ihre Vorgesetzten – sie haben klare Erwartungen und Vorstellungen an eine moderne Form der Führung. Sie wollen schnell Verantwortung übernehmen und möglichst viele Freiräume haben. Dabei überschätzen sie durchaus auch ihre Fähigkeiten. In diesem Spannungsfeld sollen Führungskräfte so führen, dass sowohl die Motivation der Mitarbeiter gefördert als auch gleichzeitig die richtige Leistung erbracht wird.

Flachere Hierarchien – größere Führungsspanne

Die Personalsituation einerseits und die Anforderungen des Marktes andererseits führen dazu, dass die Hierarchien flacher werden. Die Leitungsspanne wird größer – Führungskräfte müssen eine deutlich größere Anzahl an Mitarbeitern führen und dabei auch eine größere fachliche Bandbreite abdecken. Daneben bleiben natürlich auch fachliche Spezialaufgaben beim Vorgesetzten. Dieser Situation können Führungskräfte nur dann gerecht werden, wenn sie eine energiesparende Form des Führens entwickeln: sie müssen es schaffen, mehr Mitarbeiter zu führen, ohne dafür nachhaltig mehr Zeit zur Verfügung zu haben.

Die Leitungsspanne wird größer …

… eine energiesparende Form des Führens wird nötig

Zunehmende Dominanz der Projektarbeit

Als Folge der gestiegenen Komplexität und der bereits beschriebenen teilweise dramatisch gestiegenen Anforderungen an die Unternehmen tritt zunehmend Projektarbeit neben die eigentlichen Sachaufgaben. Einerseits muss das Tagesgeschäft wie bisher bewältigt werden, andererseits sollen bestimmte Sonderaufgaben in Form von Projektarbeiten funktions- und abteilungsübergreifend gelöst werden. Für die zusätzlichen Anforderungen durch die Projektarbeit schaffen die Unternehmen nur teilweise konsequent die notwendigen Voraussetzungen – beispielsweise in Form von Ressourcen, technischen und organisatorischen Voraussetzungen und Kompetenzen. Gerade auch in Richtung Qualifikation fehlt es oft an grundlegenden Voraussetzungen.

Für Projektarbeit fehlen oft die notwendigen Voraussetzungen

Angesichts dieser wie oben kurz beschriebenen Situation von Führungskräften und Unternehmen will dieses Buch Folgendes leisten.

3 Der Ansatz des Buches

Zunächst: Was das Buch nicht leisten will

Es gibt nach Überzeugung des Autors genug an Ansätzen, die Unterstützung in einer Form bieten, die den Charakter von »Patentrezepten« hat. Diese Ansätze sind ohne Frage oft eine echte Hilfestellung – vor allem und gerade dann, wenn ein Mitarbeiter ohne Vorbereitung schnell Führungsverantwortung übernehmen muss oder wenn eine Führungskraft unvorbereitet eine Führungsaufgabe mit wesentlich

Das Buch will keine Patentrezepte liefern

größerer Dimensionen übernehmen soll. Da können Ratgeber nach dem Grundmuster: *»... Wenn Sie dieses tun, dann werden Sie folgendes Ergebnis erreichen ...«* eine wichtige und hilfreiche anfängliche Unterstützung sein. Sie sind eine Strukturhilfe und bieten die Orientierung, mit der man sich in einem komplexen Umfeld durch eine gewisse Vereinfachung schneller zurechtfindet und eine ausreichende Sicherheit erhält. Auf dieser Basis lassen sich zunächst einigermaßen klare Strategien entwickeln und ausprobieren.

PRAXISBEISPIEL:

In einem Führungskräftetraining übernimmt eine engagiere junge Frau, die seit kurzem in Führungsverantwortung steht, in einem Rollengespräch die Rolle der Führungskraft. Die Situation des Rollengesprächs wurde vorher von den Seminarteilnehmern selbst nach »wahren« Begebenheiten aus dem Unternehmensalltag skizziert.

Nach dem Rollengespräch ist die junge Dame unzufrieden mit dem Ergebnis. Höchst interessant ist dabei ihre Begründung für die Unzufriedenheit: sie habe in einem Führungsgrundkurs bei einem bekannten Trainingsinstitut bestimmte Grundregeln für die Gesprächsführung gelernt und diese Regeln in dem Rollengespräch auch sehr genau beherzigt. Das Problem sei der Kollege, der die Rolle des Mitarbeiters gespielt hatte. Der habe nämlich falsch reagiert. Sie habe gelernt, dass auf den Einsatz bestimmter Formulierungen auch ganz klar bestimmte vorhersehbare Reaktionen eintreten werden. Der einzige Fehler in diesem Rollengespräch war, dass der Kollege in der Mitarbeiterrolle sich untypisch verhalten habe – nämlich nicht so, wie sie es in dem Seminar gelernt habe. Nur das habe sie letztlich aus ihrem Konzept gebracht und das beabsichtigte Gesprächsergebnis verhindert. In ihrer Praxis dagegen habe sie ihr Know-how aus dem hochpreisigen – und deshalb offensichtlich auch guten – Führungsseminar bisher stets erfolgreich umsetzen können.

Der Ansatz dieses Seminars – und die Zielrichtung mancher Ratgeber – entsprechen damit auch im Prinzip dem Führungsverständnis mancher Führungskräfte: Sie holen auf entsprechende Probleme des Mitarbeiters eine idealtypisch vorgefertigte Lösung aus dem Lehrbuch, das behauptet: *»Wenn Sie dies sagen, dann geschieht Folgendes«*. Und wenn das nicht funktioniert und der Mitarbeiter über einen Misserfolg berichtet, dann steht schnell fest, dass er wahrscheinlich den Ratschlag nicht richtig beherzigt und nicht konsequent genug umgesetzt hat.

Vorgefertigte Lösungen für idealtypisch verallgemeinerte Situationen

Richtig ansetzen kann nur, wer das Problem wirklich verstanden hat

Weil das Buch keine Patentrezepte liefern will, muss zunächst die Problemsituation genauestens erkannt werden.

Patentlösungen scheitern in der Regel daran, dass Probleme nicht gründlich genug analysiert worden sind und dass stattdessen eine verallgemeinernde Situations- und Problemdefinition zugrunde gelegt wird.

Sicher haben solche als Patentrezepte angebotenen Lösungen auch funktioniert – aber eben nur in einer bestimmten Situation und unter bestimmten Voraussetzungen. Die meisten Situationen sind heute so komplex geworden, dass ein genaues Hinschauen notwendig ist, um das Problem wirklich zu erkennen und zu verstehen.

Probleme werden zunehmend komplexer

Sicher sind Patentrezepte auch hilfreich: Gerade wenn es schnell gehen muss oder wenn die Anzahl der Probleme groß ist, ist es oft zwingend notwendig, ohne großes Nachdenken mit einem einfachen Raster schnell eine Lösung initiieren zu können.

Wo setzt das Buch also an?

Problem 1: Führungskräfte verstehen sich als Problemlöser

»Muss man sich denn um alles selber kümmern?!« knurrt der Vorgesetzte einer acht Personen umfassenden Abteilung Innendienstverkauf eines Markenproduktherstellers, als er beim Unterschreiben der Post feststellt, dass in einem Angebot ein zu weit gehendes Zugeständnis gemacht wurde. Seufzend greift er zum Telefon und ruft seinen Mitarbeiter zu sich.

»Herr Müller, der Preis in diesem Angebot ist in Ordnung, aber die kostenlose Lieferung von Sortimentsboxen ist nicht drin; das müssten Sie aber mittlerweile doch wissen!«

Der Mitarbeiter bestätigt, dass ihm bekannt war, dass dieses Zugeständnis über seine Möglichkeiten hinausging, dass er aber andererseits preislich noch etwas Luft gehabt hätte. Schließlich habe der Kunde auch seine Forderung sehr konsequent gestellt – so sei ihm in diesem Fall keine andere Möglichkeit geblieben, wenn er nicht riskieren wollte, dass der Kunde zu einem Mitbewerber wechseln würde.

»Da müssen Sie eben konsequenter verhandeln, Herr Müller, das habe ich Ihnen ich weiß nicht wie oft schon gesagt. Wie soll denn das werden, wenn wir die nächste Preiserhöhung umsetzen müssen – da werden Sie erhebliche Schwierigkeiten haben, wenn Sie nicht an sich arbeiten. Schließlich kann ich Ihnen das ja nicht auch noch abnehmen! Und nun rufen Sie den Kunden noch mal an und erklären ihm den Sachverhalt und schreiben das Angebot noch mal um!«

Welchen Anteil an der Problemlösung hat die Führungskraft?

Unbestritten ist eine der Kernaufgaben von Führungskräften das Lösen auftretender Probleme. Entscheidend ist die Frage, welchen Anteil bei der Problemlösung die Führungskraft selbst hat und inwieweit Mitarbeiter wirklich in die Problemlösung einbezogen sind.

Vielfach sehen sich die Führungskräfte in der Verantwortung, selbst eine Problemlösung parat haben zu müssen. Dazu kommt oft auch der Anspruch, selbst merken zu müssen, wenn Probleme auftreten und nicht erst zu warten, bis Mitarbeiter ihrerseits erkennen, dass es Schwierigkeiten gibt und deshalb ihren Vorgesetzten um Rat fragen.

Gründe, Problemlösungen nicht zu delegieren

Natürlich gibt es auch ausreichend Legitimation für ein derartiges Führungsverständnis und Führungsverhalten:

Die Führungskraft sieht die Problemlösungskompetenz allein bei sich

- DIE FÜHRUNGSKRAFT IST DER EXPERTE: Die Problemlösungskompetenz in sachlicher und fachlicher Hinsicht sieht sie bei sich, weil sie aufgrund ihres Know-how auf jeden Fall besser in der Lage ist als der Mitarbeiter, ein Problem zu analysieren und eine richtige und fachlich einwandfreie Lösung entwickeln zu können.

Verantwortung kann nicht delegiert werden

- FÜHREN HEISST VERANTWORTEN: Die Führungskraft muss letztlich den Kopf dafür hinhalten, wenn ein Problem nicht oder nicht richtig oder zu langsam gelöst wurde. Diese Gesamtverantwortung kann nicht delegiert werden – also kann auch das Problemlösen oft nicht delegiert werden. Wenn etwas schief geht, dann bleibt es ohnehin an der Führungskraft hängen – also heißt Probleme selbst lösen auch, nicht für Fehler von Mitarbeitern zur Verantwortung gezogen zu werden.

- ZEIT IST KNAPP UND TEUER: Der Zeitfaktor ist ein weiteres wichtiges Argument. Termindruck beherrscht den Arbeits- und Führungsalltag. Unter dem Diktat der Dringlichkeit sehen Führungskräfte nur wenige oder sogar überhaupt keine Möglichkeiten zu Abstimmungen und langen Diskussionen. Zeit kostet Geld – Wartezeiten und Verzögerungen führen zu noch mehr Ärger und weiteren Problemen, daher sollten Probleme immer schnell gelöst werden. Schnelle Entscheidungen sind also gefragt; langwierige Diskussions- und Abstimmungsprozesse sind da aus Zeitgründen nicht möglich.

Die Zeit für Diskussionen und Abstimmungsprozesse fehlt

PROBLEM 2: MITARBEITER LERNEN SCHNELL, WENN INITIATIVE NICHT GEFRAGT IST

Ein mittelständisches Unternehmen der Genussmittelbranche konnte einige Jahre ein so schnelles Wachstum erreichen, dass die bisher bewährten Abläufe nicht mehr den Gegebenheiten entsprachen. Da zunehmend Reibungsverluste entstanden, beschloss die Geschäftsleitung, unternehmensweit die Rahmenbedingungen für kontinuierliche Verbesserungen zu schaffen und ein Konzept Ideenmanagement einzuführen.

Eine Pilotgruppe – die unteren Führungskräfte der Logistik – startete mit einem Workshop, in dem bestehende Probleme definiert und möglichst genaue Lösungsvorschläge erarbeitet werden sollten.

Der externe Moderator konnte zunächst zufrieden feststellen, dass die Beteiligten sehr gut in der Lage waren, die Situation zu analysieren und dabei bestehende Probleme genau zu definieren.

Als jedoch die Gruppe den Auftrag bekam, sich in kleine Gruppen aufzuteilen, um sich nun über Lösungsmöglichkeiten Gedanken zu machen, passierte zunächst überhaupt nichts. Niemand machte Anstalten, aktiv zu werden. Schließlich richtete jemand das Wort an den Moderator und erklärte: »Sie müssen wissen, dass unser

Vorgesetzter uns seit Jahren immer wieder sagt, dass wir nicht zum Denken angestellt sind, sondern zum Arbeiten. Deshalb kann es heute auch nicht unsere Aufgabe sein, über Verbesserungen nachzudenken.«

Schließlich ging es doch an das Ausarbeiten von Lösungsideen. Dabei wurde aber wiederum deutlich, dass einige der Beteiligten sich definitiv sehr schwer dabei taten – sie waren es einfach nicht gewohnt, über das Problem hinaus zu denken.

Zielvorstellung vieler Unternehmen: Mitarbeiter, die sich als Mit-Unternehmer sehen

Eigenverantwortlich denkende und handelnde Mitarbeiter – Mitarbeiter, die sich als Mit-Unternehmer sehen, das ist die Zielvorstellung vieler Unternehmen. Eine Zielvorstellung, die noch am ehesten in jungen Unternehmen realisiert ist, während in alteingesessenen Familienunternehmen, in Großunternehmen und in weiten Teilen des öffentlichen Dienstes dieser Zustand doch eher ein Wunschdenken ist.

»gelernte Hilflosigkeit«

Das im obigen Beispiel dargestellte Phänomen wird von Psychologen auch als »gelernte Hilflosigkeit« bezeichnet: Wenn jemand über lange Zeit immer wieder hört, dass Mitdenken nicht gefragt ist oder wenn jemand auf jede Frage immer schnell eine Problemlösung vom Vorgesetzten serviert bekommt, dann lernt er damit, dass es vollkommen ausreichend ist, ein Problem anzusprechen – ein anderer wird sich dann schon um die Lösung kümmern. Dabei lernt der Betreffende allerdings nicht, wie er ein Problem selbstständig lösen könnte und kann so auch keine positiven Erfahrungen und Erfolgserlebnisse sammeln, die wiederum Grundlage wären für selbstsicheres und eigenverantwortliches Handeln.

Problemverschärfer statt Problemlösung: Noch mehr eigener Einsatz der Führungskraft

Führungskräfte erleben manchmal, dass Mitarbeiter die schnellen Problemlösungen nicht wirklich akzeptieren. Entweder gibt es offenen Widerstand – die Mitarbeiter haben Gründe parat, warum die Lösung nicht funktionieren kann.

versteckter Widerstand der Mitarbeiter

Öfter noch gibt es den verdeckten Widerstand: Die Mitarbeiter verhalten sich so, als ob sie den Vorschlag akzeptieren würden – dann allerdings wird er nicht umgesetzt. Entweder versandet der Vorschlag dann oder aber der Mitarbeiter berichtet nach einiger Zeit, dass er vergeblich versucht habe ihn umzusetzen. Fazit aus Mitarbeitersicht: Der Vorschlag war nicht gut.

Warum Problemlösungen der Führungskraft nicht umgesetzt werden

Ein derartiges Verhalten hat unterschiedliche und vielfältige Hintergründe, die dem Mitarbeiter selbst manchmal gar nicht bewusst sind:

- Der Mitarbeiter hat selbst einen Vorschlag – der Vorgesetzte nimmt sich aber keine Zeit, den Vorschlag anzuhören.
- Der Vorgesetzte wischt den Vorschlag des Mitarbeiters mit einem kurzen und prägnanten Kommentar wieder vom Tisch.
- Der Mitarbeiter hat den Vorschlag des Vorgesetzten nicht verstanden – der Vorgesetzte reagiert auf Fragen ungeduldig und ausweichend.
- Der Vorschlag des Vorgesetzten erscheint dem Mitarbeiter nicht umsetzbar – der Vorgesetzte lässt jedoch keine Kritik zu.
- Der Vorgesetzte hört sich zwar die Kritik des Mitarbeiters an seiner Lösung an – geht aber nicht weiter darauf ein und beharrt auf der Umsetzung seines Vorschlags.

Entweder sofort in der Diskussion oder spätestens dann, wenn der Mitarbeiter wieder vorstellig wird und das gleiche Problem erneut auf dem Tisch legt, wird dem Vorgesetzten bewusst, dass seine Idee entweder von vornherein nicht akzeptiert oder nicht wirklich engagiert, sondern nur widerstrebend und halbherzig umgesetzt wurde.

Ergeben sich Probleme erhöhen viele Vorgesetzte den eigenen Energieeinsatz immer weiter

In dieser Situation verhalten sich viele Vorgesetzte so, dass sie den eigenen Energieeinsatz erhöhen: Sie machen weitere Vorschläge, sie versuchen zu überzeugen oder zu überreden, sie begründen ihren Vorschlag noch sorgfältiger, sie verstärken den Druck und ordnen an – kurz sie intensivieren ihre eigenen Bemühungen, um die eigene Idee zu verkaufen.

**Das Energiesparprogramm als Lösung:
Mit weniger Energie das Gleiche erreichen**

Wie war doch die kleine Geschichte von den Waldarbeitern? Nach einem heftigen Sturm sind viele Arbeiter ausgerückt, um so schnell wie möglich im Wald »aufzuräumen«. Als erstes müssen insbesondere die Wege wieder von umgestürzten

Hilfe zur Selbsthilfe für die Mitarbeiter entlastet die Führungskraft nachhaltig

Bäumen freigemacht werden. Einem Vorarbeiter fällt auf, dass ein Arbeiter recht lange braucht, um mit der Motorsäge die Stämme zu zerlegen. Er schaut sich das eine Weile an und kommt zu dem Ergebnis, dass die Kette der Säge stumpf sein muss. Deshalb rät er seinem Mitarbeiter: *»Versuche einmal deine Säge zu schärfen, dann wird es schneller gehen«.* Der Mitarbeiter schaut nur kurz auf, wischt sich den Schweiß von der Stirn und knurrt: *»Ich habe keine Zeit – ich muss sägen!«*

Diese Geschichte mag etwas plakativ klingen, aber genau darum geht es nämlich – um die zentrale Frage, ob Sie als Führungskraft weiterhin mit hohem Energieaufwand agieren oder ob Sie sich in eine Rolle als Coach hineinentwickeln wollen und können.

Nur als Coach Ihrer Mitarbeiter gelingt es Ihnen

- mit dem gleichen Aufwand an zeitlicher, gedanklicher und emotionaler Energie wesentlich mehr zu bewirken,
- Ihren Energieeinsatz auf die wirklich wichtigen strategische Aufgaben zu richten, weil Sie die Abwicklung des Tagesgeschäft Ihren Mitarbeitern überlassen können,
- die gleichen Ziele mit den gleichen Mitarbeitern in anderer Form besser und leichter zu erreichen.

Klüger statt härter arbeiten

Klüger statt härter arbeiten – diese Devise bezieht sich nicht nur auf die Ausführung von Sachaufgaben. Sie gilt genauso für das Führen.

WER ALS COACH FÜHRT, FÜHRT KLÜGER, INDEM ER SEINE ENERGIE SO EINSETZT, DASS SICH DER WIRKUNGSGRAD NACHHALTIG UND DEUTLICH ERHÖHT.

4 Die Zielsetzung des Buches

Ansätze zur Analyse der Situation und Zielsetzungen

Das Buch soll Ihnen nachhaltige Unterstützung bieten. Es bietet Ihnen Ansätze zur Analyse der Situation und zeigt Ihnen Zielsetzungen auf. Damit wird auch deutlicher, wo das Problem wirklich liegt. Mit einem präziseren Problemverständnis werden Sie selbst aus den angebotenen Möglichkeiten diejenigen aussuchen können, die zu Ihrer individuellen Situation am besten passen. Auch für die sich daraus ergebenden Erfahrungen leistet das Buch Hilfestellung. Voraussetzung ist nur, dass Sie bereit sind, in aktuellen Fragestellungen immer wieder einmal nach neuen Wegen zu suchen – wenn die alten Wege nicht zum Erfolg führten.

Das Buch bietet Ihnen ein persönliches Coaching

Das Buch selbst folgt dem Gedanken, der Methodik und der Grundidee des Coaching

Das Buch selbst folgt dem Gedanken, der Methodik und der Grundidee des Coaching. Es gibt Ihnen »Hilfe zur Selbsthilfe«, das heißt konkrete Ansätze, um ihre persönliche und berufliche Situation auf Stärken und Schwächen hin zu analysieren – insbesondere natürlich fokussiert auf Ihre konkreten Führungsaufgaben und damit verbundene Schwierigkeiten und Unklarheiten.

Genauso bietet es sich für Sie an, das Buch auch mit dem Blick auf Ihre Situation als »Geführter« durchzuarbeiten und die Beziehung zu Ihrem Vorgesetzten zu reflektieren. Sie finden Unterstützung in der Analyse von Problemen und Anregungen und Strukturhilfen, um zu erkannten Problemen eigene Lösungsansätze zu entwickeln und den Erfolg dieser Lösungsideen kritisch zu reflektieren.

Genauso wie Coaching keine Einmalmaßnahme ist, sondern eine grundlegende Positionierung mit längerfristig ausgelegten Strategien, begleitet das Buch auch Ihren persönlichen Entwicklungsprozess: Von der Führungskraft zum Coach. Und genauso, wie ein Coachingprozess keine »never ending story«, sondern auch einmal beendet ist, werden Sie in einem überschaubaren Zeitraum erst einmal ein Ziel erreicht haben und das Buch auf die Seite legen – und Kollegen darauf aufmerksam machen oder es vielleicht sogar Ihrem Vorgesetzten zur Lektüre empfehlen.

Geben Sie dieses Buch auch Ihrem Vorgesetzten

5 Zum Gebrauch des Buches

Individuell einsetzbarer Begleiter

Sie können das Buch systematisch von Anfang an durcharbeiten und sich so konsequent zum Thema Coaching in allen Details fit machen. Genauso sinnvoll ist es, wenn Sie sich für ganz konkrete Führungssituationen gezielt das Know-how herausziehen, das Sie im Moment gerade benötigen.

vom Allgemeinen zum Speziellen

Das Buch folgt dem Prinzip vom Allgemeinen zum Speziellen. Nach diesen einleitenden Gedanken finden Sie

- in Teil 1 grundlegende Gedanken zur Führungsaufgabe,
- in Teil 2 die grundlegende Idee und Zielrichtung des Coaching,
- in Teil 3 konkrete Anwendungshinweise für Coaching orientiert an den Kernaufgaben des Vorgesetzten,
- in Teil 4 die Methodik des Coachinggesprächs – insbesondere den 20-Minuten-Coaching-Dialog.

Ganzheitliche Standortbestimmung

Klarheit in Bezug auf grundlegende Aspekte

Änderungsstrategien sind nur dann wirklich fundiert, wenn eine sorgfältige und umfassende Analyse vorausgegangen ist. Für Sie als Führungskraft mit der Zielsetzung, sich stärker in die Rolle des Coaches zu entwickeln, sind verschiedene Blickrichtungen notwendig, um eine ganzheitliche Betrachtung zu erreichen. Sie sind gut beraten, wenn Sie Klarheit haben in Bezug auf die relevanten Aspekte

- Ihrer Arbeitssituation und deren Rahmenbedingungen,
- der zu bewältigenden Aufgaben,
- Ihres eigenen Führungsverhaltens,
- Ihrer eigenen Persönlichkeit,
- der Qualifikation und Leistungsfähigkeit Ihrer Mitarbeiter,
- der Persönlichkeitsstruktur Ihrer Mitarbeiter.

Benchmarking für die Führungskompetenz

von den Besten lernen

Benchmarking heißt, sich mit den Besten zu vergleichen und von den Besten zu lernen. Auch und gerade für die Führungsaufgabe gilt die einfache Weisheit: *»Wer denkt, etwas zu sein, hat aufgehört, etwas zu werden«*. Erfolgreiche Führungskräfte wissen, dass nur gut zu sein oft nicht gut genug ist.

Natürlich stellt sich für Sie die Frage, in welche Richtung Sie Ihre eigene Führungskompetenz entwickeln wollen. Entweder Sie finden Ihre ganz individuelle Entwicklungsrichtung selbst, indem Sie Neues ausprobieren, Erfahrungen sammeln und auf den Erfahrungen basierend dann Ihre Richtung so lange modifizieren, bis Sie auf dem richtigen Erfolgskurs sind. Für diese Vorgehensweise spricht sicherlich, dass sie in eine sehr individuelle Richtung mündet – der Zeit- und Energieaufwand ist allerdings bei dieser »try and error-Methode«

recht hoch und die Veränderungsgeschwindigkeiten sind natürlich begrenzt. Insofern kann diese Methode auch nur funktionieren, wenn Sie viel Zeit haben. Das heutige Umfeld ist allerdings eher davon geprägt, dass Schnelligkeit zu einem entscheidenden Wettbewerbsfaktor geworden ist.

Profitieren Sie von den Erfolgen anderer

Schneller aber zumindest genauso wirkungsvoll ist es, sich bei seiner Entwicklung an den Erfolgen anderer zu orientieren. Sich an einem Erfolgsmodell zu orientieren heißt auch, dass Sie nicht alle negativen Erfahrungen selbst sammeln müssen – das haben die Erfolgreichen bereits getan, an denen Sie sich orientieren können. Sich an einem Erfolgsmodell orientieren heißt auch nicht, einen anderen und seine Vorgehensweisen im Verhältnis 1:1 zu imitieren – es geht vielmehr darum, das zu übernehmen, was zur eigenen Persönlichkeit und in der aktuellen Situation passt und sich von dem zu distanzieren, was nicht passt. Also auch hier wieder eine Möglichkeit, energiesparend vorzugehen – unnötige zeitliche, arbeitsmäßige und emotionale Energie einzusparen und seine Kräfte auf das wirklich Wesentliche zu konzentrieren.

Erfolgsbeispiele aus der Praxis helfen Energie sparen

Dieses Buch unterstützt Sie dabei durch Beispiele aus der Praxis. Die Erfolgsbeispiele stammen aus realen Situationen – sie sind nicht am Schreibtisch erfunden worden. Deshalb können Sie den Beispielen vertrauen – die in den Praxisbeispielen beschriebenen Vorgehensweisen sind Ergebnisse langjähriger Erfahrungen einzelner Führungskräfte. Sie können aus diesen Modellen lernen ohne die teils mühsamen Erfahrungen selbst machen zu müssen, die dahinter stehen.

Ihr mittelfristiger persönlicher Entwicklungsplan

nachhaltige Veränderungen Ihres Verhaltens und persönlicher Überzeugungen

Das Agieren in der Rolle des Coaches kann – je nach Ausgangssituation – durchaus auch nachhaltige Veränderungen in Ihrem Verhalten erforderlich machen; möglicherweise sogar eine Änderung so mancher persönlichen Überzeugung. Unseriös wäre es, wenn Ihnen jemand versprechen wollte, dass Änderungen im Verhalten und Änderung von Einstellungen schnell und einfach vonstatten gehen. Eine kleine Übung macht das deutlich:

Falten Sie einmal Ihre Hände – so wie Sie es immer machen. Entweder liegt nun der rechte Daumen oben oder der linke. So weit o.k. Nun falten Sie die Hände noch ein-

mal – diesmal aber bewusst anders – so dass der andere Daumen oben ist. Wie fühlt sich das nun an? Wahrscheinlich stellen Sie fest, dass dieses andere Händefalten ungewohnt ist und sich »komisch« anfühlt.

Verhaltensänderungen in größeren Dimensionen finden nicht von heute auf morgen statt

Wenn schon eine so unerhebliche Veränderung im Verhalten ungewohnt ist, dann ist klar, dass Verhaltensänderungen in größeren Dimensionen nicht von heute auf morgen stattfinden können.

Deshalb sind Sie gut beraten, wenn Sie dieses Buch nicht nur schnell durcharbeiten oder gelegentlich mal hineinlesen. Wesentlich mehr können Sie aus dem Buch herausziehen, wenn Sie für sich selbst eine längerfristige Entwicklungsplanung damit verknüpfen.

TEIL 1 GRUNDLEGENDE GEDANKEN

1 FÜHREN HEISST MULTIPLIZIEREN

1.1 Die Idee: Was bedeutet eigentlich »Führen«?

»Wenn Du mit mir diskutieren willst, definiere mir erst Deine Begriffe« soll der Philosoph Aristoteles gesagt haben. Und er hat natürlich vollkommen Recht: Für ein gemeinsames Verständnis eines Sachverhaltes oder einer Thematik ist es hilfreich, wenn man eine klare Vorstellung von dem hat, was damit gemeint ist.

Natürlich gibt es viele Definitionen für den Begriff des Führens. Eine der vielen möglichen, aus Sicht des Autors recht treffende Definition lautet kurz und bündig wie folgt:

Eine Definition von Führen

FÜHREN HEISST
- andere Menschen
- in einer strukturierten Arbeitssituation
- dazu zu bewegen
- Aufgaben zu übernehmen und richtig auszuführen
- und zwar so, dass dabei humane Aspekte gewahrt bleiben.

harte und weiche Faktoren miteinander vereinbaren

Die Konfliktpotenziale, die sich aus dieser Definition ergeben können, werden erst bei näherem Hinsehen deutlich: Es geht einerseits um harte Faktoren – die vorgegebene Arbeitssituation und die zu erfüllenden Aufgaben – andererseits um weiche Faktoren – den Menschen und seine humanen Ansprüche, Menschen die sehr unterschiedlich sind und damit auch teilweise recht unterschiedliche Vorstellungen davon haben, was ihre Erwartungen an das Erfüllen humaner Ansprüche sind.

1.2 Führen in Organisationen

Führen findet nicht im luftleeren Raum statt

Die oben angeführte Definition enthält bereits den Aspekt der Arbeitssituation und macht damit deutlich, dass es Führen nicht in einer neutralen Idealform gibt.

Die Komplexität der Führungsaufgabe und die Abhängigkeit des Führens von der Organisation soll die folgende Darstellung verdeutlichen.

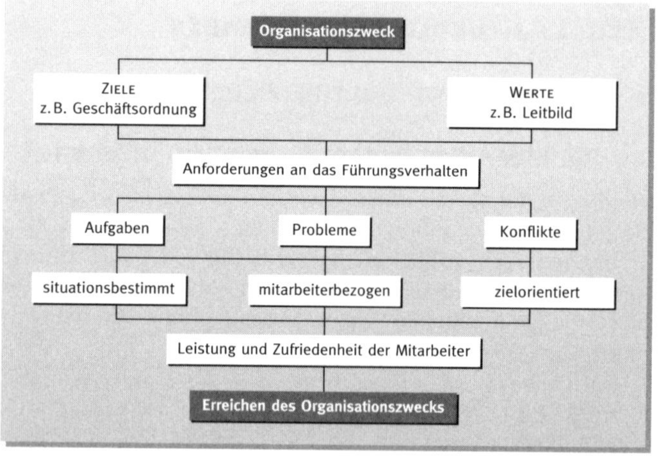

Abb. 1.1: Führen in komplexen Organisationen ist immer situationsbestimmt

Der Zweck einer Organisation gibt den Gesamtrahmen vor

Der Zweck einer Organisation gibt den Gesamtrahmen vor. Der Zweck einer Bundesbehörde wie beispielsweise der Bundesvermögensverwaltung unterscheidet sich nachhaltig von dem Zweck der Marketingagentur OGILVY & MATHER und deren Zweck ist wiederum ein ganz anderer als der der ALLIANZ-Versicherung.

WAS soll WIE erreicht werden?

Sehr deutlich werden die Unterschiede auf der nächsten Ebene. Ziele einer Organisation beschreiben, WAS erreicht werden soll. Die Ziele finden sich präzise beschrieben in quantitativen Zielsetzungen – Umsätze, Erträge, Deckungsbeiträge, Durchlaufzeiten, Fehlerquoten etc. wieder. Die Werte beschreiben, WIE, das heißt in welcher Art und Weise die Ziele erreicht werden sollen. Aussagen zu den Wertvorstellungen finden Sie im Unternehmensleitbild, in der Unternehmensphilosophie und ähnlichen Publikationen in allgemeiner Form wieder. Direkt und explizit spiegeln die daraus abgeleiteten und präzisierten Leitlinien wiederum die angestrebten Werte wider.

Während die Unternehmensphilosophie die angestrebten Werte beschreibt, stellt die Unternehmenskultur die Ist-Situation dar – die Summe der gelebten Werte. Genauso wie bei den harten Zielen der Unterschied zwischen Ist und Soll den Handlungsbedarf signalisiert, ergibt sich auch aus der

Differenz zwischen den gelebten und den angestrebten Werten Handlungsbedarf.

Der Handlungsbedarf ergibt sich aus der Differenz zwischen den gelebten und den angestrebten Werten

Handlungsbedarf in erster Linie für die Führungskräfte: Sie als Vertreter der Unternehmensinteressen haben die Aufgabe, in einem Top-Down-Prozess für das Erreichen von Zielen in der beabsichtigten Art und Weise Sorge zu tragen. WAS und WIE – daraus leiten sich die Anforderungen an das Führungsverhalten ab.

Im Rahmen dieses Top-Down-Prozesses ist es die Kernaufgabe der Führungskraft, dafür zu Sorge zu tragen, dass die zu bewältigenden Aufgaben sinnvoll delegiert werden, Probleme, die auf dem Weg zum Ziel auftauchen, schnell nachhaltig gelöst werden und dass unnötige Konflikte vermieden sowie auftretende Konflikte rechtzeitig erkannt und geklärt werden.

drei Blickrichtungen der Führungskraft

Dabei muss die Führungskraft in Bezug auf den Inhalt sowie auf die Art und Weise des Führens drei Blickrichtungen gleichermaßen oder zumindest in angemessener Weise berücksichtigen:

situationsbestimmt

- SITUATIONSBESTIMMT heißt, dass sich das Führungsverhalten an der jeweiligen Situation orientieren muss. Zur Situation zählen beispielsweise die wirtschaftliche Situation des Unternehmens, die gesamtwirtschaftlichen Rahmenbedingungen, die zeitliche Situation, die personelle Ausstattung in quantitativer und in qualitativer Hinsicht, aber auch hierarchische Positionen, aufbau- und ablauforganisatorische Aspekte, Entgeltsystematiken etc. – um nur einige Beispiele anzuführen.

mitarbeiterbezogen

- MITARBEITERBEZOGEN heißt, dass sich Führungsverhalten individuell am jeweiligen Mitarbeiter oder auch am Team orientieren muss. Zu den mitarbeiterbezogenen Aspekten gehören beispielsweise die erworbene Qualifikation, die Berufserfahrung, vorhandene Potenziale, Leistungsfähigkeit und Leistungsbereitschaft, das Verhalten in den beruflichen Rollen, die Persönlichkeitsstruktur, Einstellungen, Überzeugungen, Prinzipien, Wertevorstellungen und dergleichen mehr.

aufgabenbezogen

- AUFGABENBEZOGEN heißt, dass sowohl die jeweilige Aufgabenstellung insgesamt als auch die einzelne Aufgabe im Detail zu berücksichtigen sind. Hierzu zählen Aspekte wie Aufgabenvolumen, Relationen in Bezug auf Schwierigkeitsgrad, Risikopotenzial, Abhängigkeiten im Sinne einer Prozesskette, Auswirkung auf Zielerreichung, Wertigkeit der Aufgabe, Dringlichkeit der Erledigung, unternehmensbezogene Prioritäten, generelle Terminsituation, saisonale Aspekte etc.

FÜHREN IST DANN ERFOLGREICH, WENN SOWOHL DIE LEISTUNG AN SICH DEN ANFORDERUNGEN ENTSPRICHT ALS AUCH DIE ZUFRIEDENHEIT DER MITARBEITER SICH AUF ANGEMESSEN HOHEM NIVEAU BEWEGT.

Dann leistet Führen den notwendigen Beitrag zum Erreichen unternehmerischer Zielsetzungen.

Die Variablen und Rahmenbedingungen innerhalb derer sich Führung bewähren muss, sind sehr komplex

Eine spannende Konstellation also, die aber auch einiges an Interpretationsspielraum lässt. Woran lässt sich die Leistung objektiv messen, anhand welcher Kriterien lässt sich die Anforderung als realisierbar definieren? Was kann die Führungskraft von einem Mitarbeiter erwarten – woran erkennt man, ob die Leistung wirklich das maximal Erreichbare darstellt? Und welche Bedeutung spielt die Zufriedenheit, wie kann man Zufriedenheit sicherstellen und gleichzeitig die Bereitschaft erreichen, sich mit steigenden Anforderungen auseinander zu setzen?

PRAXISBEISPIEL:

In einem kleinen mittelständischen Unternehmen werden hochwertige und hochpreisige Produkte hergestellt. Die Produktion ist sehr stark vom Eingehen auf individuelle Kundenwünsche geprägt, was einerseits hohe Flexibilität erfordert und andererseits permanente Schwierigkeiten für die Produktionsplanung hervorruft.

gut gemeint …

Der Inhaber hat für die Mitarbeiter in der Produktion ein Entgeltsystem entwickelt, in dem als Motivationsförderer schon die weitgehend anforderungsgerechte Leistung einen Anspruch auf Lohnzuschlag zur Folge hat. Der Zuschlag steigt, wenn die Leistung in vollem Umfang den Anforderungen entspricht und erst recht, wenn die Anforderungen übertroffen werden.

Irritiert muss der Inhaber allerdings feststellen, dass einige Mitarbeiter die Meinung vertreten, dass durch-

schnittliche Leistungen vollkommen ausreichend sind, da hier ja schon ein Anspruch auf Lohnzuschlag entsteht. Diese Mitarbeiter sehen keine Notwendigkeit, ihren Einsatz zu verstärken. Mitarbeiter mit überdurchschnittlicher Leistung finden dagegen ihren Einsatz nicht in angemessener Weise honoriert und beginnen ihr Engagement zu drosseln.

großzügige Entlohnung ... in der Wirkung aber kontraproduktiv

Durch diese ungünstige Entgeltpolitik wird es in dem Unternehmen zunehmend schwerer, Leistung und Engagement auf dem notwendigen Niveau zu halten.

1.3 Führungsstile – ein stark vereinfachtes Bild des Führens

Wie sollten Sie führen?

Wie führen eigentlich Führungskräfte? Wie sollten Sie führen? Diese Frage bewegt Führungskräfte und deren Mitarbeiter aber auch Managementforscher und Berater schon seit langem. Zu grundlegenden ersten Erkenntnissen der Managementforschung gehörte das Erforschen und Identifizieren verschiedener Führungsstile und daraus abgeleitet natürlich eine Vorstellung davon, wie der ideale Führungsstil aussehen müsste. Um für die folgenden Kapitel ein gemeinsames Verständnis sicherzustellen, sei also ein kurzer Blick dem Thema der Führungsstile gewidmet.

Der Begriff Führungsstil beinhaltet die Annahme, dass eine Führungskraft unabhängig von sonstigen Faktoren eine bestimmte Art und Weise des Führens mehr oder weniger durchgängig an den Tag legt.

Natürlich gibt es kaum eine Führungskraft, die eindeutig und konsequent nur einen Führungsstil in Reinkultur praktiziert. Viele Faktoren spielen mit hinein und führen zu einer gewissen Bandbreite des Verhaltens in der Führungsrolle. Auf jeden Fall gibt es meist klar erkennbare Tendenzen und bevorzugte Verhaltensmuster im Führen.

AUTORITÄRES FÜHREN

Ausgehend von früher üblichen Arbeitsstrukturen ist sicherlich das autoritäre Führen eine gängige Metapher. Gemeint ist hiermit ein Führungsstil, in dem die Führungskraft sehr stark dominiert: detailliert anordnet und auch detailliert kontrolliert, hohe Anforderungen setzt, diese aber auch willkürlich verändert, kurze Ziele setzt, Druck macht, in Gesprächen

Kritik ganz klar in den Vordergrund stellt, die Kritik dabei aber nicht nur auf die Sache bezogen äußert, sondern den Mitarbeiter auch in seiner Person angreift. Anerkennung und positive Verstärkung kommen praktisch nicht vor.

Das Motto eines autoritären Vorgesetzten in Bezug auf Anerkennung heißt: *»Solange ich nicht kritisiere ist alles in Ordnung – das muss ausreichen«.* Informationen gibt der Vorgesetzte nur spärlich weiter und beschränkt sich auf die Informationen, die der Mitarbeiter unbedingt haben muss, um seine aktuellen Aufgaben ordentlich zu erfüllen.

Der autoritäre Vorgesetzte kultiviert sein Herrschaftswissen

Ansonsten ist ein gewisser Informationsvorsprung für den autoritären Vorgesetzten durchaus auch ein Mittel der Machtausübung und der Kontrolle; mehr zu wissen als die Mitarbeiter, gibt ihm eine gewisse Sicherheit und Unangreifbarkeit. Die Atmosphäre bei autoritärem Führen ist auf der Mitarbeiterebene eher von Unsicherheit geprägt, Fehler werden vertuscht, das Engagement läuft auf Sparflamme, weil es vom Vorgesetzten ohnehin nicht honoriert wird.

Da bewahrheitet sich dann der Spruch: *»Wer seine Mitarbeiter zur Schnecke macht, braucht sich nicht wundern, wenn sie immer langsamer werden.«*

LAISSEZ-FAIRE-FÜHREN

Auch die Führungskraft mit einem Laisser-faire-Stil geht mit einer kritischen Grundeinstellung an ihre Führungsaufgabe heran. Allerdings mischt sich eine gewisse resignative Tendenz und eine Scheu vor Konflikten mit hinein. Die Folge ist, dass diese Führungskraft vielfach darauf verzichtet, ihre Führungsaufgabe aktiv wahrzunehmen.

Den Mitarbeitern fehlt die klare Orientierung in Bezug auf Ziele und deren Erreichung

Es gibt deshalb wenig klare Anordnungen, wenig sichtbare Kontrolle, Kritik ist tendenziell unterschwellig präsent, den Mitarbeitern fehlt die klare Orientierung in Bezug auf Ziele und deren Erreichung, Entscheidungen lassen aus unerfindlichen Gründen auf sich warten, weil die Führungskraft ohnehin nicht überzeugt ist, dass ihre Entscheidungen so umgesetzt werden, wie es aus ihrer Sicht eigentlich sein müsste. Informationen werden – wenn überhaupt – eher spontan und ohne Systematik weitergegeben. Schließlich könnten die Mitarbeiter ja auch gezielt nach fehlenden Informationen fragen. Tun sie es allerdings, zögert der Vorgesetzte auch noch, ob er die Informationen wirklich weitergeben soll.

KOOPERATIVES FÜHREN

Im Mittelpunkt der meisten Vorstellungen davon, wie Führen stattfinden sollte bzw. welcher Führungsstil der zu bevorzugende sei, steht der kooperative Führungsstil. Diese Art des Führens stellt die bereits oben beschriebenen Kriterien in den Mittelpunkt, wenn es um die Frage geht, ob die Führungskraft markant und klar Einfluss nimmt oder ob sie Entscheidungsfreiheit lässt.

Delegation von Verantwortung ist ein wesentliches Element dieses Führungsstils

Delegation von Verantwortung ist ein wesentliches Element dieses Führungsstils, Aufträge werden klar kommuniziert, bei der Delegation von Aufgaben geht es darum, dem Mitarbeiter sinnvoll Entscheidungsfreiheit einzuräumen. Auch bei der Festlegung von Zielen differenziert der kooperative Führungsstil zwischen Zielvorgaben, die zwar nicht diskutierbar sind, bei denen der Freiraum dann in der Art und Weise der Zielerreichung liegen kann und Zielvereinbarungen, bei denen schon im Rahmen der Formulierung der Mitarbeiter mitwirken und Einfluss nehmen kann und soll.

Kontrolle gehört auch zum kooperativen Führungsstil, allerdings soll hier soweit wie möglich frühzeitige Selbstkontrolle möglich sein und die Fremdkontrolle sich auf Stichproben und auf die abschließende Kontrolle im Sinne eines Vier-Augen-Prinzips beschränken.

offene, frühzeitige und vollständige Informationspolitik

Das setzt natürlich offene, frühzeitige und vollständige Information voraus. Kooperativ führende Vorgesetzte geben auch Informationen weiter, die den Mitarbeitern helfen, Gesamtzusammenhänge zu verstehen, die Situation des Unternehmens insgesamt zu kennen und über künftige Entwicklungen informiert zu sein. Dazu gehören dann durchaus auch vertrauliche Informationen – der Vorgesetzte weiß, dass die Mitarbeiter solche Informationen ebenfalls vertraulich behandeln werden. Das Klima ist von einer vertrauensvollen Arbeitsatmosphäre geprägt, in der aber auch Raum für Persönliches bleibt.

Das Führungsverhalten ist von Überzeugungen geprägt

Warum wird in der Regel ein bestimmter Führungsstil durchgängig beibehalten?

Diese grobe Klassifizierung schließt natürlich nicht aus, dass Führungskräfte auch unterschiedliche Stile anwenden oder anwenden können. Oft lässt sich aber feststellen, dass im Führungsverhalten durchaus einer der drei beschriebenen Stile vorherrscht und mehr oder weniger stark ausgeprägt immer wieder »durchschlägt«. Da stellt sich schon die Frage, woran das liegt.

Zwei, den Führungsstil prägende Grundannahmen über Mitarbeiter ...

Eine Antwort auf diese Frage hatte schon der Managementforscher und Managementberater Douglas Mc Gregor gefunden: Er studierte sorgfältig die zu seiner Zeit veröffentlichten Bücher zum Thema Management und stellte darin insbesondere in einer Beziehung einen gravierenden Unterschied im Ansatz der Autoren fest.

... Mitarbeiter sind nicht bereit sich zu engagieren und Verantwortung zu übernehmen

Ein Teil der Autoren vertrat in Bezug auf die zu führenden Mitarbeiter eine tendenziell negative Grundeinstellung. Danach waren – polarisierend und übertreibend beschrieben – Mitarbeiter an sich nicht bereit, sich zu engagieren, sondern eher faul und träge, Verantwortung gingen sie aus dem Wege, wo immer es möglich war, motivieren ließen sie sich nur kurzfristig, vor allem durch Androhung von Sanktionen.

... Mitarbeiter sind im Prinzip engagiert und auch motivierbar

Der andere Teil der Autoren sah den Mitarbeiter als von Natur aus engagiert und bereit, eine seinen Fähigkeiten entsprechende Leistung zu erbringen; darüber hinaus aber auch bereit und interessiert daran, Verantwortung zu übernehmen. Motivierbar waren Mitarbeiter in erster Linie durch Anerkennung und Bestätigung sowohl in Bezug auf ihre Leistung als auch in Bezug auf ihre Person.

Die unterschiedliche Art und Weise des Führens hängt also ursächlich mit Grundeinstellung und Überzeugungen der Führungskräfte zusammen. Diejenigen, die autoritär führen, tun dies, weil sie im Innersten überzeugt davon sind, dass Mitarbeiter Druck brauchen, damit sie Leistung bringen. Die kritische Grundeinstellungen gegenüber Mitarbeitern prägt das Verhalten und macht es dem autoritären Vorgesetzten unmöglich, von einer Vertrauensbasis auszugehen. Misstrauen macht umfassende Kontrolle nötig, manchmal auch heimlich.

Der Laisser-faire-Vorgesetzte hat die gleiche kritische Grundeinstellung gegenüber seinen Mitarbeitern – anders als der autoritäre Vorgesetzte jedoch hält er jede Form der Einflussnahme als für wenig Erfolg versprechend. Eben weil die Mitarbeiter aus seiner Sicht kein Engagement und keine Motivation haben, sieht er keinen Sinn darin, zu versuchen, auf die Mitarbeiter einzuwirken. Womöglich würde ja alles nur noch schlimmer, wenn er versuchen würde etwas zu verändern. Da ist es schon besser, sich ganz herauszuhalten.

Die sich selbst erfüllende Prophezeiung als Legitimation fürs Weitermachen

Für die autoritären Führungskräfte und für die Laisser-faire-Führenden liegt die Tücke im Mechanismus der selbst erfüllenden Prophezeiung.

So geht der autoritäre Vorgesetzte von vornherein davon aus, dass seine Anweisungen nicht wirklich so ausgeführt werden, wie er es sich vorstellt. Er erwartet von vornherein ein negatives Erlebnis. Seine Aufmerksamkeit ist damit recht einseitig darauf gerichtet, nur das wahrzunehmen, was seine negative Einstellung und damit seine Vor-Urteile bestätigt. Alle eventuell anderen Wahrnehmungen wird er entweder als Ausnahme oder Zufall relativieren – vom Grundsatz her erwartet er, dass die Resultate unter seinen Erwartungen liegen werden. Seine Legitimation heißt: *»Ich habe es ja immer wieder probiert – aber es kommt einfach nichts Vernünftiges dabei heraus«*. Deshalb wird auch künftig nichts dabei herauskommen.

Die negativen Erwartungshaltungen werden scheinbar immer wieder bestätigt

Auch der Laisser-faire-Vorgesetzte ist in seiner Wahrnehmung auf das begrenzt und fokussiert, was ihn in seiner negativen Grundhaltung bestätigt. Auch er findet darin die Bestätigung, dass es sowieso nichts bringt, auf Initiative der Mitarbeiter zu warten – sie werden ja nie in dem Maße oder in der Richtung aktiv, wie er es eigentlich erwartet.

Dass kein Mitarbeiter diese Erwartungen kennt, wird ihm dabei nicht bewusst – oder er schiebt es darauf, dass die Mitarbeiter sich nicht um Informationen kümmern. Weil sie kein Interesse an Informationen haben, werden sie auch nicht von selbst aktiv. Ein Teufelskreis, aus dem es keinen Ausweg zu geben scheint – zumindest für die Laisser-faire-Führungskraft.

MERK-WÜRDIGES:

JEDE FÜHRUNGSKRAFT BEKOMMT IM LAUFE DER ZEIT DIE MITARBEITER, DIE SIE VERDIENT HAT.

Der gleiche »Mechanismus« gilt im positiven Sinne auch für die Führungskraft, die den kooperativen Führungsstil praktiziert. Sie begegnet dem Mitarbeiter von vornherein wohl-

Der Vertrauensvorschuss der kooperativen Führungskraft zahlt sich aus

wollend und mit einem entsprechenden Vertrauensvorschuss. Faszinierenderweise erlebt diese Führungskraft dann – ebenfalls wieder im Sinne einer selbsterfüllenden Prophezeiung – dass die Mitarbeiter die in sie gesetzten Erwartungen auch erfüllen.

Auch hier entsteht ein Regelkreis: Das eingetretene positive Ergebnis bestätigt den Vorgesetzten und ermutigt ihn, auf diesem Weg weiterzumachen.

Egal, wie Sie führen – zunächst ist die Wirkung entscheidend

Es besteht zunächst kein Grund, einen offensichtlich erfolgreichen Führungsstil zu ändern

Zur Frage, welcher Führungsstil oder welches Führungsverhalten denn nun richtig sind, gibt es leidenschaftliche und kontroverse Diskussionen. Wie wir ja schon festgestellt haben, finden Führungskräfte ihre Legitimation für eine bestimmte Art des Führens zunächst einmal in den Ergebnissen.

Und so kann es ja durchaus sein, dass eine autoritäre Führungskraft bei neutraler Betrachtung sehr viel mit ihren Mitarbeitern erreicht. Ziele werden erreicht oder sogar übererfüllt – warum also sollte diese Führungskraft ihre Erfolgsprinzipien in Frage stellen oder gar ihr Erfolgsrezept verändern? Was würde eine autoritäre Führungskraft als Beweis akzeptieren, dass ein kooperatives Führungsverhalten bessere Ergebnisse generiert?

Genauso wird die kooperative Führungskraft zunächst einmal überzeugt davon sein, dass ihr Verhalten gut und richtig ist und sich in dieser Auffassung bestätigt sehen, wenn auch die Ergebnisse stimmen und die Motivation der Mitarbeiter hoch ist. Wie ließe sich eine kooperative Führungskraft davon überzeugen, dass sie mit mehr Druck und Strenge noch bessere Resultate erzielen würde, ohne dass dadurch die Motivation zwangsläufig schlechter werden müsste.

1.4 Den Mitarbeiter und das Umfeld einbeziehen – situativ führen

Führungserfolg ist abhängig von den Kriterien »Leistung« und »Zufriedenheit«

Kommen wir nach dem Vergleich der Führungsstile wieder zurück zu der oben geschilderten Führungsidee des situativen Führens. Hier ist Erfolg abhängig von den beiden Kriterien »Leistung« und »Zufriedenheit«, die natürlich in einem Spannungsverhältnis zueinander stehen.

Dies ist ein positives Spannungsfeld, wenn es ein Leistungserlebnis gibt und sich daraus Zufriedenheit ergibt. Negativ wird das Spannungsfeld dann, wenn es beispielsweise kein Kriterium für die zu erfüllende Leistung gibt – dann wird es für den Mitarbeiter nur schwer möglich sein, sich über einen Erfolg zu freuen. Genauso wird es für den Vorgesetzten schwierig, Anerkennung auszusprechen, wenn die Kriterien für das richtige Maß an Leistung nicht feststehen oder nicht nachvollziehbar sind.

1.5 Engagement als weiteres Erfolgskriterium im Führungsprozess

Die Anforderungen an erfolgreiches Führen werden dann höher, wenn eine weitere Dimension dazu kommt: Engagement – der Einsatz, die Aktivität, die Begeisterung, mit der Mitarbeiter an ihre Aufgaben herangehen. Mit dieser Erweitung der Anforderungen wird die Rolle des Mitarbeiters weitergehend definiert.

Nicht nur das Erreichen von Zielen und eine ausreichende Zufriedenheit gelten als Maßstab, sondern das darüber hinaus gehende Engagement zählt zusätzlich: Die Bereitschaft, unaufgefordert und aus eigenem Antrieb mehr zu leisten als gefordert ist.

Bereitschaft, unaufgefordert und aus eigenem Antrieb mehr zu leisten als gefordert ist

Das ist nur solange unkritisch, wie die Anforderungen an die Leistung in ihren Dimensionen eher unproblematisch sind. Wenn dagegen die geforderte Leistung sich in einer Höhe bewegt, die als hoch oder zu hoch erlebt wird, ist das Engagement auf eine harte Probe gestellt. Oder auch die Zufriedenheit, wenn der Mitarbeiter feststellt, dass er trotz hohem Engagement seine Ziele nicht erreichen wird.

1.6 Anforderungen an Führungskräfte – heute

Unter der Federführung der IMPLUS TRAININGS AG, Widnau/ Schweiz wurden im Jahr 2001 im Rahmen einer umfassenden Analyse akutelle Anforderungen an Führungskräfte aus der Sicht von Mitarbeitern definiert.

Nach der Einschätzung vom 230 Seminarteilnehmern haben sich die folgenden Anforderungen als besonders wichtig herauskristallisiert.

Anforderungen an Führungskräfte aus der Sicht von Mitarbeitern

	Anforderungen, denen ich		
	bereits entspreche	*noch nicht entspreche*	*künftig entsprechen möchte*
IN BEZUG AUF DAS VERHALTEN ZU DEN MITARBEITERN			
1. Motivieren, Anerkennung und Wertschätzung geben, begeisternd wirken,	❑	❑	❑
2. sie zu aktiven Mitstreitern entwickeln, sie informieren und in Entscheidungen einbinden,	❑	❑	❑
3. sie gezielt weiterentwickeln, coachen und aktiv unterstützen,	❑	❑	❑
4. innovatives Verhalten, Ideen und Kreativität zulassen, Freiheiten gewähren und offen sein für Neues,	❑	❑	❑
5. sie als Mensch achten und gerecht sein.	❑	❑	❑
IN BEZUG AUF DAS VERHALTEN ZUM KUNDEN			
1. Partnerschaftlich, freundlich und bestimmt auftreten, souverän und glaubwürdig sein,	❑	❑	❑
2. Kundenorientierung in den Mittelpunkt des Handelns stellen, Kundenwünsche beachten und befriedigen,	❑	❑	❑
3. serviceorientiert und problembewusst sein,	❑	❑	❑
4. nach außen die Teamleistung präsentieren, den Kunden gegenüber die Kompetenz der Mitarbeiter betonen,	❑	❑	❑
5. zuverlässig sein in der Einhaltung von Zusagen und Terminen, ehrliche Aussagen machen.	❑	❑	❑
IN BEZUG AUF DAS VERHALTEN ZUM EIGENEN UNTERNEHMEN			
1. Unternehmerisch denken und handeln, Probleme nachhaltig lösen, Schwachstellen beseitigen,	❑	❑	❑
2. Visionen für die Zukunft entwickeln, neue kreative Wege entwickeln und gehen,	❑	❑	❑
3. Unternehmensziele umsetzen, ausgeprägtes zielorientiertes Handeln,	❑	❑	❑

4. hundertprozentige Loyalität zum Unternehmen und hundertprozentige Identifikation mit dem Unternehmen,	❑	❑	❑
5. Trends rechtzeitig erkennen und umsetzen, offen sein für neue Wege und Techniken.	❑	❑	❑

In den Ergebnissen dieser Befragung finden Sie bereits den Begriff des »Coachen« im Zusammenhang mit Entwicklung und Unterstützung von Mitarbeitern. Mitarbeiter erwarten also bereits eine Art des Führens, die dem Gedanken des Coaching entspricht. Der Weg von der Führungskraft zum Coach ist somit nur konsequent.

Nutzen Sie diese Befragung als persönliche Standortbestimmung

Nutzen Sie diese Befragung als persönliche Standortbestimmung: Kreuzen Sie an, welchen dieser Anforderungen sie bereits entsprechen, welchen noch nicht und vor allem, welchen dieser Anforderungen sie künftig entsprechen wollen. Damit haben Sie für sich Entwicklungsziele in Bezug auf Ihre Führungskompetenz definiert.

1.7 Führen in Analogie zur Kundenorientierung

Mitarbeiter sind letztlich interne Kunden

Einerseits geht es darum, dass Sie Ihr Führungsverhalten – und natürlich die Art und Weise des Coaching – am jeweiligen Mitarbeiter orientieren. Der Gedanke der Kundenorientierung lässt sich auch deckungsgleich auf das Verhältnis zwischen Führungskräften und Mitarbeitern übertragen:

Wenn die Kundenorientierung in einem Unternehmen optimal ist, zeigt sich das in einer hohen Loyalität und Bindung der Kunden zu ihrem Unternehmen, sie sind nicht nur Stammkunden, sondern so begeistert von ihrem Lieferanten, dass sie das Unternehmen auch weiterempfehlen.

Übertragen wir diesen Gedanken auf das Verhältnis zwischen Führungskräften und Mitarbeitern, dann ist das richtige Führungsverhalten dasjenige, das bewirkt, dass Mitarbeiter in Bezug auf ihren Vorgesetzten und ihr Unternehmen ein hohes Maß an Loyalität und Identifikation entwickeln. Reflektieren Sie einmal Ihre Erfahrungen aus Gesprächen im Freundes- und Bekanntenkreis: Wie viele Gesprächspartner sprechen mit Respekt oder sogar mit Begeisterung von dem

Unternehmen, in dem sie beschäftigt sind und wie viele äußern sich genauso positiv über den eigenen Vorgesetzten?

1.8 Die ideale Führungskraft gibt es nicht – Mut zur Individualität

Wenn man einzelne Mitarbeiter nach der idealen Führungskraft befragt, wird man feststellen, dass es kein einheitliches Bild der Führungskraft gibt. Auch die Struktur der obigen Befragung ist das verdichtete Ergebnis aus einer großen Bandbreite unterschiedlicher Nennungen.

Mitarbeiter erwarten nicht den stromlinienförmigen Idealtypus einer Führungskraft

Mitarbeiter erwarten jedoch nicht den stromlinienförmigen Idealtypus einer Führungskraft. Wo Mitarbeiter positiv und anerkennend über Vorgesetzte sprechen, spielt auch immer Akzeptanz von und Respekt vor Individualität im Führungsverhalten mit. Gerade die Ecken und Kanten von Führungskräften scheinen es zu sein, die aus Mitarbeitersicht notwendig sind. Offensichtlich schätzen Mitarbeiter Führungskräfte, die auch eine »Reibungsfläche« bieten, die als Sparringspartner fungieren können, die einerseits unbequem sein können und andererseits immer wieder zu Konsens führen, die für ihre Überzeugungen eintreten und kämpfen, mit harten aber fairen Mitteln.

Authentizität im Führen

Deshalb gilt es, einerseits das Führungsverhalten an den Mitarbeitern zu orientieren und mit Sensibilität zu spüren, was die Erwartungen der Mitarbeiter sind, andererseits ist es aber auch genauso wichtig, sich den Mut zur Individualität zu bewahren und seine Führungsrolle so zu leben, wie es zur eigenen Persönlichkeit passt. Authentizität im Führen – Authentizität als Coach statt der austauschbaren Führungskraft oder statt des Ideal-Coaches.

1.9 Führen als zweiseitiger Prozess

Ein junger Vorgesetzter übernimmt eine neue Führungsaufgabe mit einer auch fachlich grundlegend neuen Dimension. Er soll ein Team gestandener und erfahrener Mitarbeiter führen. Einer der Mitarbeiter reagiert mit Unverständnis und verhält sich sehr abwehrend, was den Wunsch des Vorgesetzten anbelangt, laufenden Einblick in den Fortschritt bestimmter Konzeptionsarbeiten zu erhalten. Er argumentiert mit »Das war bei Ihrem Vorgänger schon so, dass ich Konzepte erst abgeliefert habe, wenn sie fertig waren«. Einerseits verunsichert dieses Verhalten den Vorgesetzten, andererseits will er auch keine Schwächen erkennen lassen. Deshalb gibt er vor, zu akzeptieren, dass er erst nach endgültiger Fertigstellung das Konzept vom Mitarbeiter erhalten wird. Der Mitarbeiter sieht sich in seiner Auffassung bestätigt und gibt auch keine Informationen weiter, als er mit dem Projekt in Rückstand kommt. Der Vorgesetzte wartet ab, um unnötige Diskussionen zu vermeiden und um sich nicht zu deutlich vom Führungsverhalten seines Vorgängers abzuheben. Diese Konstellation muss zwangsläufig zu Schwierigkeiten führen.

FAZIT: Es war falsch, sich ausschließlich vom Verhalten seines Mitarbeiters beeinflussen lassen. Der neue Vorgesetzte hätte besser daran getan, seinen Vorgänger um seine Beurteilung dieser Situation zu bitten und seinem neuen Mitarbeiter deutlich zu machen, dass ihm andere Vorgehensweisen wichtig sind als seinem Vorgänger.

Die Auswirkungen der grundlegenden Einstellung gegenüber Mitarbeitern haben wir bereits beim Vergleich der Hintergründe des autoritären Führungsstils und Laisser-faire-Führens einerseits und des kooperativen Führens andererseits weiter oben beleuchtet (Kap. 1.3).

Das Verhalten des Mitarbeiters beeinflusst auch das Verhalten der Führungskraft

Eine wichtige ergänzende Betrachtung ist darüber hinaus natürlich nun die Frage, inwieweit das Verhalten des Mitarbeiters auch wiederum das Verhalten der Führungskraft beeinflusst.

Nehmen Sie an, Sie führen mehrere Mitarbeiter, unter denen es einerseits einen Mitarbeiter gibt, zu dem Sie einen hervorragenden persönlichen »Draht« haben: Sie verstehen sich persönlich sehr gut und kommen genauso hervorragend auf der arbeitsmäßigen Ebene mit ihm aus, weil er meist Ihre Vorstellungen von vornherein teilt. Bei auftretenden Meinungsverschiedenheiten vertritt er seine Auffassung ruhig und souverän, Kritik äußert er in einer für Sie problemlosen und akzeptablen Art und Weise. Kurz gesagt – die Chemie stimmt perfekt.

Ein anderer Mitarbeiter dagegen liegt für Sie persönlich mit seinem Verhalten gerade noch im akzeptablen Bereich.

Er hat einen anderen Arbeitsstil als Sie, ist auch in seinem Auftreten eher ein anderer Typ als Sie selbst. Wenn Sie mit ihm Gespräche führen, haben Sie oft den Eindruck, dass er Ihre Aufträge nur mit einem gewissen Widerwillen annimmt. Er ist häufig anderer Ansicht als Sie selbst und äußert dies auch schnell ohne allzu ausgeprägte Diplomatie. Sie merken, dass das Verhältnis zu diesem Mitarbeiter eher distanziert und kühl auf einer rein arbeitsbezogenen Ebene abläuft.

Wiederum ein anderer Mitarbeiter ist in seiner Art und Weise für Sie nur wirklich schwierig zu akzeptieren, obwohl er seine Aufgaben immer korrekt und anforderungsgerecht erledigt – manchmal sogar überdurchschnittlich gut. Ihre Vorstellungen stoßen bei ihm anscheinend immer wieder auf Skepsis – nach Gesprächen geht er kopfschüttelnd und vor sich hinknurrend aus dem Büro, manchmal fällt ihm auch die Tür aus der Hand. Auch zu den Kollegen bleibt er auf Distanz – kaum jemand fragt ihn um Unterstützung, wenn es mal eng wird. Für Sie ist das Verhältnis zu diesem Mitarbeiter eindeutig im roten Bereich – wohlgemerkt, obwohl es an seiner Leistung letztlich nichts zu beanstanden gibt.

Wie groß ist da die Wahrscheinlichkeit, dass Sie als Führungskraft gegenüber diesen Mitarbeitern ein auch nur annähernd »gleiches« Führungsverhalten an den Tag legen? Und wie groß ist das Risiko, dass Sie gegenüber dem zuerst beschriebenen Mitarbeiter wesentlich mehr an grundlegendem Wohlwollen und Kulanz walten lassen als gegenüber dem Mitarbeiter im zweiten Beispiel. Wie groß ist die Chance für den Mitarbeiter im dritten Beispiel, dass er Sie genauso locker und souverän erlebt, wie der Mitarbeiter im ersten Beispiel?

sein Verhalten nicht von Sympathie oder Antipathie beeinflussen lassen

Grundbedingung für erfolgreiche Führungskräfte und Coaches ist hier die Bereitschaft und die Fähigkeit, eine einigermaßen neutrale Position einzunehmen und sein Verhalten nicht von Sympathie oder Antipathie beeinflussen zu lassen.

1.10 »Bedingte Empathie« als tragfähige Basis

Noch wesentlich stärker ist diese Neutralität gefordert – und noch wesentlich schwieriger zu praktizieren – wenn Mitarbeiter den an sie gestellten Anforderungen aktuell nicht in dem wünschenswerten Maße entsprechen. Sei es beispielsweise, dass sie aus Unkenntnis oder mangels Erfahrungen oder aufgrund anderer eigener Bewertungen ihre Aufgabe anders erledigen, als Sie als Führungskraft es erwarten.

Umgang mit schwierigen oder leistungsschwachen Mitarbeitern

Bedingte Empathie als Grundhaltung kann hier einen konstruktiven Weg beschreiben. Empathie an sich beschreibt eine Grundhaltung, in der man für das Verhalten anderer Menschen grundlegend Akzeptanz und Verständnis aufbringt und auch keine nachhaltigen Versuche unternimmt, auf das Verhalten anderer Menschen Einfluss zu nehmen, um eine Änderung im Verhalten zu initiieren. Führen bedingt jedoch Einflussnahme. Folglich passt Empathie als Grundhaltung dann nicht zur Führungsaufgabe, wenn das Verhalten eines Mitarbeiters nicht den Anforderungen entspricht.

Bereitschaft und Fähigkeit, zu verstehen, wie ein Mitarbeiter denkt, handelt oder empfindet, ohne ihm Recht zu geben

Bedingte Empathie ist diesem Zusammenhang definiert als »die Bereitschaft und Fähigkeit, zu verstehen, wie ein Mitarbeiter denkt, handelt oder empfindet, ohne ihm Recht zu geben«. Auf Basis einer bedingten Empathie wird es der Führungskraft wesentlich leichter fallen, ihre Führungsaufgabe – nämlich Einfluss zu nehmen – konstruktiv und souverän wahrzunehmen.

Praxisbeispiel:

Ein Mitarbeiter hat sich in einer Reklamationssituation wegen einer verspäteten Lieferung mit einem Kunden eindeutig falsch verhalten. Statt sich zügig darum zu kümmern, dass für den aufgebrachten Kunden eine akzeptable Lösung für die Beschaffung der fehlenden Ware vereinbart wird, beharrte er konsequent darauf, dass der Kunde zu spät reklamiert habe. Die Angelegenheit eskaliert und landet auf dem Tisch des Vorgesetzten. Im Gespräch mit dem Vorgesetzten ist der Mitarbeiter noch immer aufgebracht und schimpft über den arroganten und überheblichen Ton des Kunden und über seine unrealistischen Vorstellungen.

Aus Sicht des Vorgesetzten hat diese Reklamationssituation gravierende Auswirkungen, weil die Kundenbeziehung sich gerade in den letzten Wochen in erfreulichem Maße intensiviert hatte und sich die Bemühungen der letzten Monate endlich auch in entsprechendem Ertrag auszuzahlen begannen. Er kann nicht verstehen, wie der Mitarbeiter sich derart gehen ließ: »Sie sehen das falsch – Sie müssen sich einfach mehr zusammennehmen und aufhören, mit dem Kunden zu streiten. Ich erwarte von einem

Mann mit Ihren Erfahrungen eine professionelle Reklamationsbehandlung. Sie müssen unbedingt souveräner werden – das kann doch kein Problem sein!«

Hier ist die Wahrscheinlichkeit groß, dass der Mitarbeiter sich nun auch noch über seinen Vorgesetzten ärgert, der anscheinend keine Ahnung davon hat, wie schwierig solche Gespräche sind und welcher Zeitaufwand damit verbunden ist, die vom Kunden reklamierte Situation in Ordnung zu bringen. Eine besondere Motivation für eine positive Veränderung wird auf diesem Weg nur schwer zu erreichen sein.

Auf der Grundlage »bedingter Empathie« würde sich die Reaktion des Vorgesetzten beispielsweise folgendermaßen anhören: *»Ich kann verstehen, dass diese Situation für Sie so stressig war, dass Sie mit dem Kunden in Streit geraten sind. Möglicherweise wäre es mir hier auch schwer gefallen ruhig zu bleiben. Allerdings hat dieser Ausrutscher nun zu einer Eskalation geführt. Deswegen kann ich Ihr Verhalten in diesem Kontext natürlich nicht gutheißen. Lassen Sie uns deshalb klären, wie Sie den Fall zu einem positiven Ende bringen können und wie Sie sich in künftigen Situationen verhalten wollen, um ähnliche Entwicklungen künftig auszuschließen.«*

Bedingte Empathie muss aus einer echten Bereitschaft, Verständnis aufzubringen erwachsen

Wichtig ist es natürlich, dass diese bedingte Empathie keine Masche oder ein aufgesetztes Verhalten ist, sondern dass sie auf einer wirklichen Bereitschaft basiert, Verständnis aufzubringen und gleichzeitig in einem konstruktiven Dialog das Problem zu klären und die notwendigen Änderungen zu initiieren. Dies setzt gegebenenfalls auch eine Veränderung oder eine andere Gewichtung der eigenen Überzeugungen voraus und damit verbunden eine Erweiterung der eigenen Fähigkeiten, was wiederum die Grundlage für eine Erweiterung des eigenen Handlungsspektrums darstellt.

2 Führen ist abhängig von der Ausgangsposition

Auch aus der individuellen hierarchischen Position ergibt sich notwendigerweise eine weitere Differenzierung in der Wahrnehmung und Umsetzung des Führens. Unterschiedliche Dimensionen von Verantwortung, von Einfluss und Durchsetzungskompetenz, von der Relation Führungsaufgabe und Sachaufgabe spielen hier eine wichtige Rolle, die auch ein wichtiges Element einer Standortbestimmung darstellt.

2.1 Führen als Unternehmer

Die meisten Mitarbeiter arbeiten in mittelständischen Unternehmen

Die meisten Mitarbeiter arbeiten in mittelständischen Unternehmen, in denen an der Spitze der Unternehmer oder die Unternehmerfamilie selbst noch die Geschicke des Unternehmens bestimmt – je nach Größe des Unternehmens unterstützt von angestellten Geschäftsführern bzw. Managern. Für den Unternehmer ist sein Unternehmen meist die Erfüllung einer Vision, einer Idee, für die er sich mit maximalem Einsatz engagiert. Einsatz heißt hier nicht nur Zeitaufwand oder persönliches Engagement, sondern in der Regel auch Kapitaleinsatz – vielleicht steckt sogar das ganze Vermögen im eigenen Unternehmen.

Dieser Hintergrund kann natürlich das Führungsverhalten des Unternehmers recht markant prägen. Keine Frage, dass es selbstverständlich nicht DAS Führungsverhalten des Unternehmers gibt – auf jeden Fall gibt es aber klar erkennbare Trends. Das hohe Engagement wird oft in einem recht »markanten« Führungsverhalten deutlich, das Konsens nur bedingt für wichtig hält und das auch weniger Widerspruch akzeptiert.

Der Unternehmer mit Leib und Seele ist Individualist – lässt sich ungern in ein Schema pressen und führt deshalb auch sehr stark aus seiner individuellen Persönlichkeit heraus. Eher pragmatisch und handlungsorientiert kümmert er sich auch gerne um Details und tut sich schwer mit Delegation. Als Experte weiß er auch, wie die Dinge richtig gemacht werden, deshalb wird er auch eher anordnen und für auftretende Probleme ganz schnell eine Lösung parat haben, damit nicht unnötig Zeit verloren geht. Wenn Mitarbeiter Verbesserungsideen entwickeln, wird er diese zwar in seine Überlegungen einbeziehen, aber dann auch schnell eine eigene Idee entwickeln, wie es noch besser oder schneller oder einfacher geht.

Der klassische Unternehmer führt in der Regel patriarchalisch

Ein Führungsverhalten, das auch als »patriarchalisch« beschrieben wird: klare Vorstellungen durchsetzend – das aber vor dem Hintergrund eines tendenziell positiven und wohlwollenden Bildes vom Mitarbeiter. Das ist letztlich auch ein Führungsverhalten, das ständig hohen Energieeinsatz bedingt – also nicht dem »energiesparenden« Führen entspricht.

2.2 Führen als Manager

Der Manager trägt in hohem Maß Verantwortung für den Erfolg des Unternehmens

Der Manager als angestellte Führungskraft auf oberster Ebene ist direkter Ansprechpartner für den Unternehmer, für den oder die Gesellschafter oder auch für das Aufsichtsgremium. Entsprechend hoch ist oft auch der Druck, dem er ausgesetzt ist. Er trägt in hohem Maß Verantwortung für den Erfolg des Unternehmens – zumindest in dem von ihm geführten Bereich des Unternehmens. Er hat einen hohen Anteil an strategischen Aufgaben zu bewältigen, seine Sachaufgaben sind Arbeiten mit höchster Priorität, die einen wesentlichen Teil seiner Zeit in Anspruch nehmen. Die Mitarbeiter, die er führt, haben in der Regel selbst Führungsaufgaben – Stabsfunktionen einmal ausgenommen.

Führen wird auf dieser Ebene sehr stark den Touch des Managens haben: Ergebnisorientierung steht im Vordergrund, Effektivität und Sachlichkeit bestimmen das Handeln. Durchsetzungskraft einerseits und Überzeugungsfähigkeit andererseits zählen zu den Kernkompetenzen und Kernaufgaben. Im Spannungsfeld zwischen Unternehmensinteressen und den Interessen der Mitarbeiter wird seine Loyalität sich eher auf die Unternehmensinteressen konzentrieren.

2.3 Führen auf der mittleren Ebene

Hier tritt das Tagesgeschäft in den Vordergrund der Aufgaben

Auf dieser Ebene tritt das Tagesgeschäft in den Vordergrund der Aufgaben. Die Führungskraft hat einen hohen Anteil an Sachaufgaben zu erledigen, die nur teilweise delegierbar sind. Diese Dominanz des Tagesgeschäfts lässt die eigentlich Führungsaufgabe eher in den Hintergrund rücken.

Diese Ebene ist gefordert, sich im Spannungsfeld zwischen den Anforderungen der Unternehmensleitung oder des Managements, den Interessen und Vorstellungen der Kunden und den Belangen und Möglichkeiten des Unternehmens zu positionieren und zu behaupten – und das in der Regel mit knappen Ressourcen. Das Führen entspricht hier am ehesten dem Bild des kooperativen Führens. Die Führungskräfte streben Konsens an und sind auch bereit, Kompromisse einzugehen, um die Mitarbeiter nicht zu überfordern. Ihre Schwierigkeit besteht unter anderem darin, dass für die Führungsaufgabe einerseits die Zeit fehlt, andererseits jedoch häufig Koordinationsbedarf besteht, immer wieder schnelle Problemlösungen gefragt sind und auch die immer wieder einmal auftretenden kleinen und größeren Krisen schnell bewältigt werden wollen.

kooperatives Führen

2.4 Führen auf unteren Ebenen

Die Situation der Führungskräfte auf der untersten Führungsebene ist von zwei Faktoren maßgeblich geprägt: Zum einen kommen sie selbst aus der Ebene, die sie jetzt führen und waren oft lange Zeit Kollegen derjenigen Mitarbeiter, die ihnen jetzt unterstellt sind – zum anderen sind sie selbst sehr stark in das Tagesgeschäft eingebunden und haben einen nur geringen Zeitanteil für ihre eigentliche Führungsaufgabe.

sehr starke Einbindung ins Tagesgeschäft

Der Entscheidungsspielraum auf der unteren Ebene ist eher gering – im Vordergrund steht die Notwendigkeit, das Tagesgeschäft reibungslos abzuwickeln und die von oben kommenden Aufträge abzuarbeiten. Führungskräfte hier sind aus ihren Erfahrungen als Mitarbeiter ohne Führungsaufgaben bemüht, ein Führungsverhalten zu praktizieren, das für die Mitarbeiter akzeptabel ist – schließlich haben sie selbst oft das Gegenteil erlebt.

Aufgrund des allerdings eher geringen Entscheidungsspielraums können sie ihre Idee vom kooperativen Führen nur in beschränktem Maße umsetzen. Als Schwierigkeit kann hinzukommen, dass sie sich bei den früheren Kollegen Akzeptanz der Führungsfunktion und Loyalität erst einmal erarbeiten und »verdienen« müssen.

Aufgrund des geringen Entscheidungsspielraums kann kooperatives Führen nur in beschränktem Maße umgesetzt werden

TEIL 2 COACHING ALS SOLCHES – IDEE UND ZIELRICHTUNG

1 GRUNDIDEEN DES COACHING

Nachdem Sie, lieber Leser, in den Kapiteln bis jetzt einiges Grundlegende über Führen erfahren haben, werden Sie nun langsam wissen wollen, was denn nun Coaching ist und wo der Unterschied zum Führen liegt.

Nachdem der Begriff des Coaching – wie viele Begriffe, die man tagtäglich verwendet, ohne darüber nachzudenken – bisher nicht eindeutig und in allgemein akzeptierter Form definiert ist, bietet es sich an, einige grundlegende Ideen des Coaching zu skizzieren:

WAS IST COACHING?

- Coaching ist eine zielführende, mitarbeiterorientierte und situationsbestimmte Form der Einflussnahme auf einen Mitarbeiter.
- Coaching konzentriert sich stärker auf die Erfolge und die Chancen als auf Misserfolge und Fehler.
- Die erreichten Erfolge werden in erster Linie als Leistungen des Mitarbeiters – nicht als die des Coaches betrachtet.
- Die Schwerpunkt der Blickrichtung im Coaching ist die Zukunft, nicht die Analyse und Bewältigung der Vergangenheit.
- Coaching führt dazu, dass der Mitarbeiter sein Wissen und seine Fähigkeiten einsetzt, um Probleme selbst zu lösen.
- Coaching soll dazu führen, für Aufgaben und Probleme einfache, unkomplizierte Lösungen zu entwickeln.
- Coaching ist ein bewusst gestalteter Prozess und keine Einmalmaßnahme.
- Coaching ist aber auch zeitlich begrenzt und daher auch keine permanente und endlose Begleitung.

- Coaching ist eine aktive Begleitung in einem permanenten Veränderungsprozess – auch ohne Coaching findet permanent Veränderung statt.
- Im Coaching nimmt der Mitarbeiter eine aktive Rolle ein – Coaching findet MIT dem Mitarbeiter, nicht GEGEN ihn statt.
- Coaching konzentriert sich auf wichtige und relevante Aufgaben- und Problemstellungen.
- Coaching kümmert sich nicht um die Dinge, die gut laufen.
- Im Coachingprozess ist es wichtig, dass der Coach die Perspektive des Mitarbeiters versteht und sie einnehmen kann.
- Im Coachingprozess ist der Coach nicht der Problemlöser, sondern der Begleiter beim Entwickeln von Lösungen und deren Umsetzung.
- Der Coachingansatz ist ganzheitlich: sowohl die Aufgabenerfüllung und Zielerreichung als auch die Person des Mitarbeiters und seine persönliche Situation werden berücksichtigt.
- Coaching verzichtet auf die Drohung mit Sanktionen, zeigt aber auch ganz klar Konsequenzen von Misserfolg auf.
- Coaching ist gezielter Einsatz, um Mitarbeiter in ihrer fachlichen, persönlichen und sozialen Kompetenz so weiter zu entwickeln, dass sie den Coachingprozess nach einem bestimmten Zeitraum – zunächst – nicht mehr benötigen.
- Coaching basiert auf einer tendenziell positiven, aber nicht kritiklosen Grundhaltung gegenüber dem Mitarbeiter.
- Die Erfolgsgrundlage für den Coach ist ein professionelles Beherrschen des Instrumentariums des Coaching.
- Coaching führt sowohl für die Führungskraft als auch für den Mitarbeiter zu höherer Effektivität.

Coaching ist eine besondere Methodik des Führens

Coaching ist eine besondere Spielart oder besser noch Methodik des Führens.

Mancher Leser hat vielleicht aus der obigen Schilderung den Eindruck gewonnen, dass sein eigenes Führungsverhalten schon in vielen Aspekten den skizzierten Grundideen entspricht. Dann sind Sie mit Sicherheit schon auf dem Weg zu einem Führungsverständnis, das die Bezeichnung Coaching verdient und werden die folgenden Ausführungen in Ihrer Praxis gut umsetzen können.

2 COACHING ENTWICKELT FÄHIGKEITEN UND POTENZIALE DES MITARBEITERS IM KONSENS

Coaching ist eine konsequente Form der Einflussnahme

Coaching heißt Einfluss nehmen – Coaching ist kein »Schmusekurs«, bei dem der Mitarbeiter in Watte gepackt wird. Coaching bedeutet für den Coach eine konsequente Form der Einflussnahme, die sich an der Situation, an den Zielen des Unternehmens und an den Möglichkeiten des Mitarbeiters orientiert und die ständige Optimierung von Leistung und Zufriedenheit anvisiert.

Jeder Mitarbeiter hat seine berufliche Tätigkeit mit mehr oder weniger bestimmten Vorstellungen und Erwartungen begonnen und hat im Laufe seines Arbeitslebens eine Vielzahl von Erfahrungen gemacht, die entweder seine Überzeugungen verstärkt oder verändert haben und damit sein Verhalten prägen und bestimmen.

Aber schon vor der beruflichen Laufbahn haben wir alle »Führung« oder »Coaching« erlebt – im Elternhaus, im Kindergarten, in der Schule. Auch diese Erfahrungen haben natürlich unsere Einstellungen geprägt, die Grundlage unserer Erwartungen an das Berufsleben sind.

Der Wunsch nach Führung an sich

Führung schafft Sicherheit

Führung an sich ist notwendig und auch vom Mitarbeiter gewünscht. Führung schafft zunächst Sicherheit. Denn jeder Mitarbeiter braucht Orientierung in Bezug auf die zu erreichenden oder angestrebten Ziele, die sich daraus ergebenden Prioritäten, die Anforderungen an die Ausführung von Aufträgen hinsichtlich Qualität und Schnelligkeit und über die Einschätzung seiner Leistung und seines Verhaltens.

Wieviel Führung das nun bedeutet, hängt wiederum von mehreren Faktoren ab, wie beispielsweise der Art der Tätigkeit, den damit verbunden Risiken bei Fehlern, der Stellung innerhalb der Hierarchie, der Berufserfahrung und so weiter.

Der Wunsch nach akzeptabler Führung

Die Vorstellungen über die Art und Weise die Führung, die der Mitarbeiter erwartet, gehen sehr weit auseinander. Zunächst einmal hängt das mit den Erfahrungen eines Menschen und der Persönlichkeit zusammen, wie viel an Führung, Orientierung und Sinngebung ein Mitarbeiter möchte oder aber auch benötigt, um sich voll und ganz auf seine Aufgaben konzentrieren zu können.

Motivation – Motipulation – Manipulation?

Wohl kaum ein anderer Begriff im Themenkomplex Führung hat zu so kontroversen Diskussionen geführt, wie der Begriff der Motivation – genauer gesagt, der Begriff des Motivierens.

Auch hier sind wieder sehr stark die grundlegenden Überzeugungen die Ursache für unterschiedliche Annahmen: Wer überzeugt davon ist, dass Mitarbeiter an sich eher Anstrengungen vermeiden wollen, wird natürlich eher der These anhängen, dass Führungskräfte im Sinne einer Fremdmotivation ständig Anreize bieten müssen, um den Mitarbeiter dazu zu bewegen, seine Leistungsfähigkeit auszuschöpfen. Auf dieser gedanklichen Basis erhält Motivieren dann eher den Charakter des Manipulierens – jemanden gegen seinen Willen und gegen seine Überzeugungen zu bestimmten Aktivitäten zu bewegen.

Wer andererseits darauf vertraut, dass der Mitarbeiter von selbst daran interessiert ist, gute Leistung zu bringen und durch Anerkennung und Lob weiter motiviert bleibt, der wird sich leichter tun, mit Anerkennung gute Leistungen zu verstärken und Entwicklungstendenzen durch Bestätigung abzusichern.

Dem Coaching liegt die Annahme der Selbstmotivation und der Eigenverantwortung zugrunde

Dem Coaching liegt die Annahme der Selbstmotivation und der Eigenverantwortung zugrunde. *»Du kannst einen Menschen nichts lehren, du kannst ihm nur helfen, es in sich zu entdecken«* – diese Weisheit aus dem antiken Griechenland wird gern in diesem Zusammenhang zitiert. Diese Aussage darf jedoch nicht in der Form missverstanden werden, dass nun kein Einfluss mehr zulässig sei. Provozierend ausgedrückt: Wenn es nichts zu entdecken gibt, dann muss natürlich gerade der Coach das erkennen und die Voraussetzungen schaffen, dass der Mitarbeiter sich die notwendigen Kenntnisse aneignen kann.

PRAXISBEISPIEL:

Der Leiter einer Abteilung mit mehreren Teams steht vor dem Problem, dass durch den Wechsel zweier Teamleiter in andere Aufgabenstellungen innerhalb des Unter nehmens diese Führungspositionen neu besetzt werden müssen.

Er spricht den Mitarbeiter an, der sich aus seiner Sicht für die Führungsaufgabe eignen könnte: »Hätten Sie nicht Interesse, mal eine Teamleiteraufgabe zu übernehmen? Sie sind doch engagiert und wollen vorwärts kommen – so eine Chance gibt es vielleicht so schnell nicht wieder.« Der Mitarbeiter antwortet nach kurzem Nachdenken: »Ja klar, gerne, das stelle ich mir schon interessant vor – warum eigentlich nicht.« »Schön, dass wir uns einig sind, Sie fangen in 14 Tagen an – Ihr Vorgänger steht Ihnen noch eine Woche zur Seite und dann sind Sie auf sich allein gestellt und müssen sich durchbeißen.«

Auf dem Wege der Manipulation erreichte »Motivation« hält nicht lange vor

Diese Vorgehensweise entspricht eher dem Prinzip der Manipulation oder dem zwischen Motivation und Manipulation liegenden Begriff der »Motipulation«. Ohne ein detailliertes Gespräch wäre es leichtfertig, diesen Mitarbeiter in eine Führungsposition zu befördern. Leichtfertig sowohl mit Blick auf die Risiken für das Unternehmen – leichtfertig aber auch mit Blick auf die Motivation des Mitarbeiters. Sollte er in der Führungsaufgabe Schwierigkeiten erleben, denen er sich nicht gewachsen fühlt, wird sich seine anfängliche Motivation schnell ins Gegenteil umkehren.

Vorschläge sind auch Schläge

Wenn ein Mitarbeiter vor einem Problem steht, möchte er Unterstützung haben – und er möchte vor allem den Umfang an Unterstützung bekommen, der ihm aktuell wichtig ist und als richtig erscheint. Das bedingt zunächst einmal, dass der Vorgesetzte Zeit für ihn hat oder sich Zeit nimmt, zunächst einmal sich anhört, was das Problem aus Mitarbeitersicht ist und vor allem vorab der Frage nachgeht, was der Mitarbeiter schon an Lösungsideen hat, bevor er selbst – wie Führungskräfte das gerne tun – seinen Vorschlag präsentiert.

Lösungsvorschläge von Seiten des Vorgesetzten sind nur dann gerechtfertigt, wenn sie wirklich notwendig sind oder waren:

Lösungsvorschlag des Vorgesetzten als Katalysator für die Bemühungen des Mitarbeiters

Notwendig sind sie einerseits dann, wenn der Mitarbeiter wirklich keinerlei Lösungsidee hat oder wenn seine Lösungsideen so vage sind oder er sich dabei so unsicher ist, dass er mit seinen Ideen erst einmal nicht herausrücken möchte. Da kann ein Vorschlag des Vorgesetzten wie ein Katalysator wirken: Der Mitarbeiter nimmt den Ball auf und macht nun seinerseits den Vorschlag, den er bisher aus unterschiedlichen Gründen zurückgehalten hat.

Andererseits sind sie dann in Ordnung, wenn der Mitarbeiter wirklich keine Idee hat, die ihn in einer Problemsituation weiterbringt. Wenn bestimmte Kenntnisse beispielsweise absolut fehlen, dann wird auch die ausgefeilteste Gesprächsführung nichts daran ändern können und vor allem kein Wissen zutage fördern, das nicht vorhanden ist.

Von der gelernten Hilflosigkeit zum unternehmerisch denkenden und handelnden Mitarbeiter

Wer unternehmerisch handeln soll, kann dies nur in einem Unternehmen realisieren, in dem das wirklich gewollt ist

Die Forderung nach dieser Grundhaltung der Mitarbeiter ist seit Jahren zu hören. Coaching ist ein Element, um diese Zielsetzung zu erreichen. Natürlich müssen auch andere Voraussetzungen geschaffen sein, um diese Idee nachhaltig umzusetzen: Wer unternehmerisch handeln soll, kann dies nur in einem Unternehmen realisieren, in dem das auch wirklich gewollt ist und durch ein stringentes Umsetzungskonzept gefördert wird. Er braucht beispielsweise Kompetenzen, und benötigt Freiräume und Anreize, die Freiräume zu nutzen.

vom Mit-Arbeiter zum Mit-Unternehmer

Im Mittelpunkt stehen jedoch immer wieder die Vorgesetzten, die ihre Führungsaufgabe in der Form des Coaching wahrnehmen, um Mit-Arbeiter zu Mit-Unternehmern zu entwickeln.

TEIL 3 DIE UMSETZUNG DES COACHING IN DEN KERNAUFGABEN DES VORGESETZTEN

1 COACHING ALS GRUNDLEGENDE HALTUNG

Coaching basiert in erster Linie auf einer ganz bestimmten Grundhaltung gegenüber den Mitarbeitern, aus der heraus sich wiederum das Verhalten ergibt, mit dem Sie Ihre Führungsaufgaben »anders« wahrnehmen werden. Anders heißt in erster Linie »energiesparend«, das heißt, dass Sie entweder mit weniger Aufwand das gleiche Resultat erreichen oder mit dem gleichen Aufwand noch höhere Resultate bewirken werden.

das Verständnis des Coachs

Der Coach definiert sein Verständnis dieser Grundhaltung wie folgt: *»Meine Aufgabe als Coach ist es, meine Mitarbeiter zu unterstützen, ihr volles Potenzial zu entwickeln, damit sie ihre volle Leistung in ihren Aufgabenstellungen erbringen können.«*

Der MITARBEITER steht als Lernender im Mittelpunkt. Der Coach ermutigt ihn, die Verantwortung für die eigene Leistung und die eigene Entwicklung zu übernehmen.

UNTERSTÜTZEN findet statt, indem der Coach auf die Bedürfnisse und den individuellen Stil der Mitarbeiter als Lernende eingeht. Er gibt Hilfestellung und Unterstützung mit dem erklärten Ziel, dass die Mitarbeiter unabhängig handeln und ihre Probleme selbstständig lösen.

Potenzial zu ENTWICKELN bedingt einen längerfristigen und zielorientierten Lernprozess, in dem der Mitarbeiter als Lernender eine aktive Rolle übernimmt und der Coach ihn dabei angemessen unterstützt.

Mit POTENZIAL ist die Lücke zwischen der tatsächlich gezeigten und der möglichen Leistung des Mitarbeiters gemeint. Der Coach eruiert gemeinsam mit dem Mitarbeiter die Möglichkeiten, in der aktuellen Tätigkeit oder hinsichtlich zukünftig denkbarer oder gewünschter Tätigkeiten die vorhandenen Potenziale zu entwickeln.

Coaching ist leistungsbezogen

Coaching ist leistungsbezogen: Es geht auch um die individuelle Leistung des einzelnen Mitarbeiters innerhalb der für seinen Verantwortungsbereich geltenden und aus den Gesamtzielsetzungen des Unternehmen abgeleiteten Detailziele.

1.1 Coaching setzt lösungsorientiert an Problemen an

Was ist ein Problem? Vereinfacht gesagt, der Unterschied zwischen Ist und Soll. Deshalb setzt der Beginn eines Coachingprozesses zwingend voraus, dass zwischen Coach und Mitarbeiter in drei Richtungen weitestgehende Klarheit besteht beziehungsweise geschaffen wird:

Wie wird die Situation eingeschätzt?

Erst wenn Sie Konsens erzielt haben über die jeweilige Einschätzung der Situation und über das Ziel bzw. die Ziele, können Sie gemeinsam zu einer ebenso klaren Problemdefinition kommen.

Welche Art von Problem liegt vor?

Ergänzend zur Definition des Problems ist es gerade im Coaching von grundlegender Bedeutung, dass auch eine Unterscheidung in Bezug auf die Art des Problems getroffen wird. Nur so gelingt es, an der richtigen Stelle anzusetzen und darauf basierend die wirklich richtige Strategie zu entwickeln.

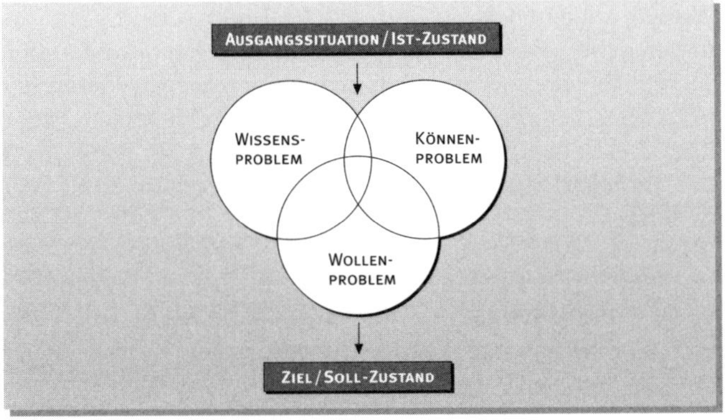

Abb. 1.1: Welche Art von Problem liegt vor?

Nehmen Sie folgendes Beispiel als Ausgangssituation:

Ein Mitarbeiter soll den Auftrag erhalten, sich drei mögliche Objekte für ein neues Kundendienstbüro in einem Ort mit hoher Kundendichte und großem Kundenpotenzial anzusehen und eine Entscheidungsvorlage für die Geschäftsleitung zu erstellen, welche Räumlichkeiten am ehesten geeignet sind.

Der Mitarbeiter zeigt deutlichen Widerstand gegen die Übernahme dieser Aufgabe. Nachdem Sie ihm auf sein

Argument »keine Zeit« vorgeschlagen haben, einige seiner Aufgaben vorübergehend an eine andere Stelle zu verlagern, räumt er ein, dass er Bedenken hat, ob er die Aufgabe wirklich bewältigen wird.

Als Coach müssen Sie nun dahinter kommen, worin das Problem wirklich besteht – das Zeitproblem hat sich ja als vorgeschobenes Problem – als sog. Vorwand – entpuppt:

Möglichkeit 1: Es gibt ein Wissen-Problem

Wenn Ihr Mitarbeiter definitv nicht weiß, wie er an die gestellte Aufgabe herangehen soll, wenn er absolut keine Vorstellung davon hat, anhand welcher Kriterien sich Eignung oder Nicht-Eignung eines Objektes ermitteln lassen, dann haben Sie es mit einem Wissen-Problem zu tun.

Wie kann sich der Mitarbeiter das notwendige Wissen aneignen?

In diesem Fall konzentriert sich der Coachingprozess auf die Frage, ob und wie sich der Mitarbeiter das notwendige Wissen aneignen kann und welche Unterstützung Sie ihm dabei geben werden. Die Unterstützung kann sehr unterschiedlich sein und orientiert sich an den Möglichkeiten des Mitarbeiters: vom Hinweis auf Akten zu vergleichbaren Fällen über das Verweisen an erfahrende Kollegen bis dahin, dass der Vorgesetzte als Coach selbst Wissen vermittelt, ist alles denkbar.

PRAXISBEISPIEL FÜR DIE PROBLEMDEFINITION UND EINSTIEG IN DIE LÖSUNGSPHASE IM SINNE EINES COACHING:

C: *»Was ist der Hintergrund Ihrer Bedenken?«*
M: *»Ich habe so etwas wirklich noch nie gemacht – ich weiß gar nicht, wie und wo ich da ansetzen soll.«*
C: *»Wo denken Sie, dass Sie die notwendigen Informationen herkriegen könnten?«*
M: *»Vielleicht in der Organisationsabteilung – die könnten schon Erfahrungen in dieser Aufgabenstellung haben – sicher bin ich mir aber nicht.«*
C: *»O.K. – wäre das nicht ein sinnvoller erster Schritt – was halten Sie davon, wenn Sie sich dort schnell erkundigen, denn die Angelegenheit hat hohe Priorität!«*
M: *»Gut, ich erkundige mich.«*
C: *»Gut, ich erwarte Ihre Antwort spätestens morgen – wenn Sie Informationen bekommen, sichten Sie diese*

bitte gleich und geben Sie mir dann eine Antwort, inwieweit Sie dann an die Aufgabe herangehen können.«

Möglichkeit 2: Es gibt ein Können-Problem

Wenn ihr Mitarbeiter ausreichende Kenntnisse für die geschilderte Aufgabe hat oder wenn er weiß, dass und wie er sich »schlau machen« kann, aber noch nie mit einer derartige Aufgabe wirklich beauftragt war, deutet sein Widerstand gegen die Übernahme des Auftrages am ehesten auf ein Können-Problem hin. Die fehlenden Erfahrungen in der Ausführung sind für den Mitarbeiter das Problem.

Die fehlenden Erfahrungen in der Ausführung sind für den Mitarbeiter das Problem

Im Mittelpunkt des Coachingprozesses steht in diesem Fall die Frage, wie sichergestellt werden kann, dass der Mitarbeiter sein Wissen richtig umsetzt – das Richtige tut – und welche Unterstützung von Ihrer Seite kommen soll. Hier wird sich als Ansatz häufig anbieten, dass der Coach die Aufgabe des Mitarbeiters mit diesem gemeinsam in kleine überschaubare und nachprüfbare Schritte aufteilt und nach jedem Schritt eine kurze Reflexion ermöglicht, um dem Mitarbeiter die Sicherheit zu geben, dass er sich jeweils zielkonform vorwärts bewegt.

Praxisbeispiel für die Problemdefinition und Einstieg in die Lösungsphase im Sinne eines Coaching:

C: *»Also, wir haben festgestellt, dass Sie im Grunde eine klare Vorstellung von einer solchen Aufgabe haben und dass Sie wissen, wo Sie weiter gehende Informationen bekommen können. Was sind nun Ihre Bedenken wirklich?«*

M: *»Nun ja, ich habe so eine wichtige Aufgabe bisher noch nie übernommen – ich will natürlich auch nichts übersehen und habe Bedenken, ob ich das ohne jede Erfahrung auch wirklich richtig machen werde. Schließlich können wir uns keine Fehler erlauben.«*

C: *»Ich finde es gut, dass Sie an diese Aufgabe mit großem Verantwortungsbewusstsein herangehen – es kommt selbstverständlich sehr darauf an, dass alle Schritte durchdacht sind und alle relevanten Aspekte bei der Auswahl der Objekte berücksichtigt werden. Wie könnte ich Sie dabei unterstützen, damit die rich-*

tige Vorgehensweise sichergestellt und das Projekt einwandfrei geklärt ist?«

M: *»Ich würde gerne Schritt für Schritt vorgehen – zunächst würde ich zusammenstellen, welche Aspekte bei der Auswahl zu berücksichtigen sind – dann die Reihenfolge festlegen und auch festlegen, wo ich diese Informationen bekommen kann. Bis dahin ist mir die Vorgehensweise schon klar – bevor ich dann weitermache, wäre mir wichtig, dass Sie sich das Konzept mal anschauen.«*

C: *»O.K. – dann legen Sie mal los. Ich möchte mit diesem Ergebnis noch in dieser Woche rechnen können – wir haben wenig Zeit. Werden Sie das schaffen?«*

M: *»Ja, das schaffe ich – ich lege Ihnen meine Ausarbeitung am Donnerstag in die Post.«*

C: *»Prima – und wenn vorher noch Fragen auftauchen, sprechen Sie mich einfach an.«*

Möglichkeit 3: Es gibt ein Wollen-Problem

Wenn der Mitarbeiter die notwendigen Kenntnisse hat und auch aus ähnlichen Aufgabenstellungen heraus bereits über ausreichende Erfahrungen verfügt, dann liegt es vermutlich am Wollen. Aus irgendwelchen Gründen fehlt die Motivation oder reicht der Antrieb nicht aus, um diese Aufgabe anzugehen. Möglicherweise gibt es auch aufseiten des Mitarbeiters unbewusste oder bewusste Blockaden, die ihn hindern, sich mit dem notwendigen Engagement dieser Aufgabe zu widmen.

Wo kommt der Widerstand her und wie kann er aufgelöst werden?

In diesem – sicherlich schwierigsten Kontext – konzentrieren Sie sich als Coach auf die Frage, wo der Widerstand herkommt, wie er aufgelöst werden kann und welche Unterstützung von Ihrer Seite machbar und hilfreich wäre. In dieser Ausgangssituation ist die bedingte Empathie (s. Teil 1, Kap. 1.10) in besonderem Maße gefordert: Als Coach werden Sie nur dann mit dem Mitarbeiter gemeinsam vorwärts kommen und später einen Erfolg feiern können, wenn Sie mit einem grundlegenden Verständnis für seine Bedenken und Vorbehalte in den Coachingprozess gehen und trotzdem mit hoher Entschlossenheit daran gehen, im Coaching möglichst schnell über machbare Lösungen zu sprechen und über die Frage, welche Unterstützung von Ihrer Seite hilfreich sein wird.

Praxisbeispiel für die Problemdefinition und Einstieg in die Lösungsphase im Sinne eines Coaching:

C: *»Wenn ich Sie richtig verstanden habe, dann trauen Sie sich von der fachlichen Seite her zu, ein solches Projekt durchzuführen und auch die Vorgehensweise an sich wäre Ihnen klar. Ich habe noch nicht verstanden, was Ihre Bedenken sind – sagen Sie mir doch bitte ganz konkret, was aus Ihrer Sicht dagegen spricht, dass Sie diese Aufgabe übernehmen.«*

M: *»Zum einen habe ich selbst mein Tagesgeschäft zu bewältigen, außerdem habe ich jede Menge zusätzliche Aufgaben auf dem Tisch – man kann sich doch nicht zerreißen.«*

C: *»Ich sehe zwar, dass alle in unserer Abteilung im Moment ein ordentliches Pensum an Zusatzaufgaben abwickeln, andererseits haben sich im Tagesgeschäft doch verschiedene Vereinfachungen ergeben – bisher sind die Zusatzaufgaben offensichtlich gut zu schaffen.«*

M: *»Für diese neue Aufgabe muss ich ja auch noch für ein paar Tage an den vorgesehenen Standort reisen. Offen gesagt, habe ich wenig Lust darauf, dann zwei oder drei Tage lang abends in Hotels herumzuhängen.«*

C: *»Das ist eine ehrliche Antwort – Sie sind also in erster Linie deshalb nicht von dem Projekt zu überzeugen, weil es Ihnen zu viel Umstände macht, sich mal für drei Tage in einer anderen Stadt aufzuhalten. In dieser Beziehung kann ich Ihnen allerdings nicht weiterhelfen – die Situationsanalyse vor Ort ist unverzichtbar.«*

M: schweigt ...

C: *»Wie soll ich Ihr Schweigen interpretieren?«*

M: *»Na ja, ich habe den Eindruck, ich komme sowieso nicht dran vorbei. Meine Bedenken zählen wohl nicht?!«*

C: *»Ich nehme Ihre Bedenken ernst, das kann ich Ihnen versichern. Allerdings wiegen sie für mich nicht so schwer, dass ich diese Aufgabe jetzt an einen anderen Kollegen übertragen möchte. Ich halte Sie dafür am besten qualifiziert – und ich bin der Meinung, dass die Unannehmlichkeiten nicht so gravierend sind. Es ist zwar sicher nicht optimal, dass Sie vor Ort übernachten müssen, aber wenn Sie sich so orga-*

nisieren, dass Sie schon in zwei Tagen fertig sind, soll es mir nur recht sein. An der Aufgabe kommen Sie also wirklich nicht vorbei. Ich bin auch gerne bereit, Sie zu unterstützen, wo es sinnvoll ist – abnehmen aber kann ich Ihnen diese Aufgabe nicht.«

M: *»Na gut – begeistert bin ich zwar nicht, aber es geht wohl nicht anders.«*

C: *»Freut mich, dass Sie einlenken. Ich gehe jetzt davon aus, dass wir das Thema abhaken können. Ich möchte Sie jetzt noch bitten, mir bis Ende der Woche ein Konzept in Bezug auf Ihre Vorgehensweise mit möglichst genauen Terminen vorzulegen. Ziel sollte sein, dass eine Entscheidungsvorlage in spätestens drei Wochen vorliegt. Werden Sie das schaffen?«*

M: *»Ja – das ist zu schaffen.«*

Wechselwirkungen zwischen den Problembereichen

Zwischen den drei beschriebenen Problemfeldern gibt es natürlich Beziehungen und Verflechtungen. Das Wissen ist zwar grundlegende Voraussetzung, kann aber am ehesten auch in Eigeninitiative durch den Mitarbeiter erworben werden. Beim Können bedarf es in erster Linie der Möglichkeit des Ausprobierens – auch mit der Option, da und dort so aus Fehlern zu lernen, dass sich die Konsequenzen in engen Grenzen halten. Beim Wollen-Problem können natürlich auch Wissen- und Können-Probleme ein Teil des Hintergrundes sein – auch entsprechende negative Erfahrungen in schwierigen Situationen in der Vergangenheit können ein nachhaltiges Motivationsproblem auslösen oder verstärken.

Verständnis für das Problem aufbringen und dann einen gezielten und lösungsorientierten Coachingprozess in Gang setzen

Hier ist der Coach in erster Linie gefordert einerseits mit bedingter Empathie Verständnis für das Problem aufbringen zu können – andererseits einen gezielten und lösungsorientierten Coachingprozess in Gang zu setzen.

1.2 Coaching im Vergleich mit anderen Führungsstilen

Sehr zutreffend wird die Abgrenzung des Coaching von anderen Führungsstilen im Modell des »Situational Leadership« von Ken Blanchard vorgenommen. Hier werden zwei Tendenzen miteinander verknüpft: Zum einen die Frage, wie stark der Vorgesetzte den Mitarbeiter unterstützt und zum anderen die Frage, wie stark der Vorgesetzte anordnet.

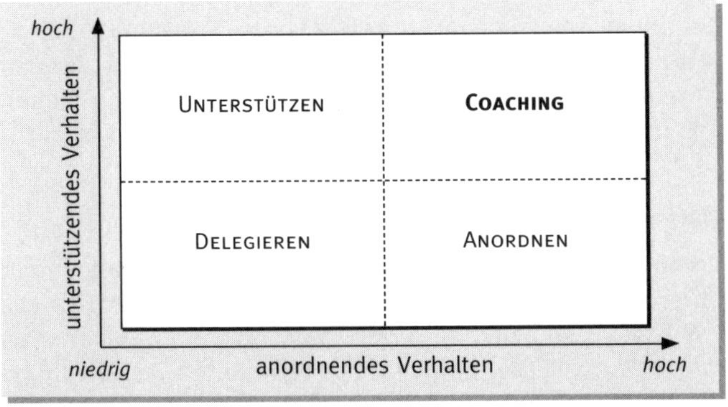

Abb. 1.2: Führungsstile zwischen Anordnung und Unterstützung

Aus dieser Darstellung wird deutlich, dass Coaching nichts mit einem »in Watte packen« des Mitarbeiters zu tun hat. Unterstützendes und anordnendes Verhalten halten sich die Waage. Durch diese Kombination auf hohem Niveau entsteht Effektivität: Mit der eingesetzten Energie wird ein hoher Output erzielt.

unterstützendes und anordnendes Verhalten halten sich die Waage

Durch diesen Energieeinsatz wird mittelfristig auch der Energieeinspareffekt vorbereitet: Sobald sich im Coachingprozess der Mitarbeiter in seinen Fähigkeiten so weiterentwickelt hat, dass Coaching nicht mehr notwendig ist, kann der Coach seinen Energieeinsatz reduzieren. Er kann den Aufwand für Unterstützung und Anordnung gleichermaßen reduzieren – das Prinzip der generellen Delegation von Aufgaben, Kompetenzen und Verantwortung ersetzt das intensive und explizit zur Erreichung eines bestimmten Levels eingesetzte Coaching.

Der Coach kann seinen Energieeinsatz sukzessive reduzieren

Bei neuen Herausforderungen wird sich dann wieder ein Coachingprozess anbieten. Beim Führen im Tagesgeschäft wird sich die Haltung als Coach immer wieder bewähren, weil hiermit nachhaltig wirkende Lösungen bei auftretenden Problemsituationen bewirkt werden und letztlich auch die Kompetenz der Mitarbeiter nachhaltig gestärkt und ausgebaut wird, sodass sie in wesentlich höherem Umfang auftretende Probleme selbst lösen werden und den Vorgesetzten nicht als Problemlöser benötigen.

2 ZIELE VORGEBEN UND VEREINBAREN

Handeln nach Zielen und Führen mit Zielen

Erfolgreiche Unternehmen und erfolgreiche Führungskräfte zeichnen sich unter anderem durch konsequente Zielorientierung aus. Schon aus der Antike ist der Spruch überliefert: *»Wer den Hafen nicht kennt, in den er segeln will, für den ist jeder Wind ungünstig.«* Handeln nach Zielen und Führen mit Zielen ist daher eine der wichtigsten Aufgaben für Sie – sowohl als Führungskraft als auch als Coach.

Ziele im Rahmen klarer Unternehmensziele

Vorab stellt sich für Sie die grundlegende Frage, ob in Ihrem Unternehmen ein klares, stringentes Konzept des Führens mit Zielen praktiziert wird oder nicht. Wenn ja, dann ist es Ihre Hauptaufgabe, aus den übergeordneten Zielsetzungen die für Ihren Verantwortungsbereich geltenden Detailziele abzuleiten und ebenso darauf hinzuwirken, dass für jeden Mitarbeiter Klarheit besteht, mit welchen Zielen auf seinen Aufgabenbereich bezogen er einen Beitrag zur Gesamtzielerreichung leistet.

Ziele ohne Klarheit über die Unternehmensziele

Es kommt immer wieder einmal vor, dass in Unternehmen die klaren Ziele von oben fehlen. Beispielsweise weil eine Unternehmensberatung eine mehrere Monate in Anspruch nehmende Untersuchung durchführt, während derer von der Unternehmensleitung keine klaren Direktiven kommen, weil erst das Ergebnis der Untersuchung abgewartet wird. Oder wenn ein Generationswechsel stattfindet. Oder der Unternehmer ist mit einer grundlegenden Neuausrichtung des Unternehmens befasst, die nicht übers Knie gebrochen werden soll.

Zur Verantwortung der Vorgesetzten gehört es, für sinnvolle Ziele zu sorgen

In solchen Phasen müssen die Vorgesetzten so gut es geht für ihren Verantwortungsbereich ersatzweise Ziele definieren und diese – je nach Situation – durch die Unternehmensleitung absegnen lassen. Ohne Ziele geht es nicht – zur Verantwortung der Vorgesetzten gehört es, für sinnvolle Ziele zu sorgen, auch wenn diese nicht aus einer Zielhierarchie abgeleitet werden können.

Zielvereinbarungen auch gegen Widerstände treffen?

Beim Vereinbaren von Zielen kommt es immer wieder auch zu Widerständen vonseiten der Mitarbeiter mit den unterschiedlichsten Hintergründen. In solchen Situationen wird der Unterschied zwischen der Führungskraft und dem Coach deutlich – solche Situationen bieten eine von vielen Gelegenheiten, sich in der Rolle des Coaches zu positionieren.

Im Umgang mit Widerständen scheiden sich die Geister

DIE FÜHRUNGSKRAFT wird den Widerstand eher als lästig und unnötig einstufen, sich dagegen stemmen und entweder mit Überredungskunst oder aber mit einer »Keine-Diskussionen-Haltung« die Ziele bestimmen und keinen Zweifel aufkommen lassen, dass diese bindend und verpflichtend sind.

Der COACH dagegen nimmt den Widerstand wahr und hält ihn für ein wichtiges Signal, dass eine Zielvereinbarung im Moment noch nicht tragfähig wäre. Er ist interessiert daran, die Hintergründe des Widerstandes zu erfahren, um so darauf eingehen zu können, dass letztlich eine vom Mitarbeiter wirklich mitgetragene Vereinbarung zustande kommt. Statt zu überreden, wird der Coach durch klare Argumente überzeugen, dafür sorgen, dass der Mitarbeiter sicher sein kann, die notwendige Unterstützung und Rückendeckung zu bekommen. Der Coach wird aber die notwendigen Ziele an sich nicht ohne wirkliche Notwendigkeit infrage stellen oder infrage stellen lassen.

Der Coach versucht die Hintergründe des Widerstandes zu erfahren

So weit hier nur ein kurzer Blick in das Thema »Widerstände bei Zielvereinbarungen«. Mehr und grundsätzliches zum Umgang mit Widerstand an sich finden Sie im übernächsten Kapitel 4.

2.1 Sorgen Sie für Zielklarheit und tragfähige Vereinbarungen

In der Praxis ist die Abgrenzung von Aufgaben und Zielen häufig noch unklar. Um nicht in diesen Fehler zu verfallen, sollen zunächst einmal die entsprechenden Definitionen für Klarheit sorgen:

Aufgaben und Ziele sind nicht das Gleiche

- Ein ZIEL beschreibt einen angestrebten bzw. zu erreichenden Zustand.
- Eine AKTIVITÄT bzw. Maßnahme ist ein einzelner Schritt auf dem Weg zur Erreichung von Zielen.
- Die STRATEGIE beschreibt ein Bündel von Aktivitäten bzw. Maßnahmen, mit denen ein bestimmtes Ziel angestrebt wird.

BEISPIEL FÜR EIN ZIEL:

»Bis Ende Juni ist die Kostenstellenrechung und bis zum Ende des folgenden Jahres ist die Kostenträgerrechnung eingeführt, wobei ein Budget für bezahlte Überstunden in Höhe von Euro XY zur Verfügung steht.«

BEISPIELE FÜR EINE MASSNAHME:

»Die Anforderungen an die Erweiterung der Software werden bis Ende Januar durch die Abteilung YZ so präzise definiert, dass eine Ausschreibung erfolgen kann. Die Abteilung Einkauf fordert bis Ende Februar drei EDV-Dienstleister zur Abgabe eines Angebot entsprechend der definierten Anforderungen auf und stellt den Abschluss des Dienstleistungsvertrages bis Mitte Februar sicher.«

Alle Maßnahmen insgesamt, die notwendig sind, um ein bestimmtes Ziel zu erreichen, bezeichnet man als die Strategie.

Professionelle Zielformulierungen sind nach folgenden Kriterien aufgebaut. Sie

- sind inhaltlich so präzise beschrieben, dass sie nachgeprüft werden können,
- enthalten quantitative Messkriterien,
- beinhalten eine qualitative Komponente,
- sind mit genauen Terminen und ggf. Zeiträumen präzisiert,
- sind integriert in ein gesamtes Zielsystem,
- enthalten keine Widersprüche mit anderen Zielen,
- sind realisierbar aber trotzdem herausfordernd,
- enthalten Hinweise auf wichtige Rahmenbedingungen.

2.2 Im Coaching ist der Sinn der Ziele besonders wichtig

Über diese sachlichen Aspekte hinaus ist es für Sie in der Rolle des Coaches sinnvoll, Ziele so zu formulieren, dass eine tragfähige Basis für Akzeptanz und Identifikation gewährleistet ist und dass keine unnötige Diskussion über die Ziele an sich Energien bindet.

Die Motivation, dass Ihre Mitarbeiter ihre Energien wirklich voll und ganz auf ihre Ziele bündeln, aktiv werden und konsequent in der Zielrichtung bleiben, fördern Sie vor allem dann, wenn

Nur nachvollziehbare Ziele können motivieren

- die Frage nach dem »wozu« beantwortet ist, das heißt,die Zielbeschreibung auch den Sinn des Ziels erkennen lässt: *»zur Stärkung der Marktposition« – »zur Erhöhung der Kundenbindung« – »zur Verbesserung der Ertragslage« – »zur Vereinfachung der internen Prozesse« ...*

Wozu das Ziel verfolgen?

- das Ziel positiv formuliert ist und beschreibt, was erreicht werden soll, anstatt – nur – darauf bezogen zu sein, was vermieden werden soll: *»... in einem Neun-Stunden-Tag die anfallenden Arbeiten bewältigen«* statt: *»... mit weniger Überstunden auskommen«.*

Was soll positiv erreicht werden?

- eine Verknüpfung zu persönlichen Entwicklungszielen und längerfristigen Perspektiven hergestellt ist, denn Coaching unterscheidet sich unter anderem gerade dadurch vom üblichen Führungsstil, dass es explizit auch persönliche und beruflich längerfristige Zielsetzungen anstrebt und unterstützt.

Welche individuelle Perspektive bietet ein Ziel?

Es werden verschiedene Arten von Zielen differenziert:

2.3 Arten von Zielen

1. Standard- und Routineziele

werden dann formuliert, wenn der bisherige Zielerreichungsgrad nicht mehr gesteigert werden soll oder kann oder wenn ein bereits erreichter Standard nicht mehr weiter verbessert werden soll oder kann. Auf jeden Fall soll sichergestellt sein, dass das erreichte Niveau nicht mehr unterschritten wird:

Das erreichte Niveau soll nicht mehr unterschritten werden

BEISPIELE FÜR STANDARDZIELE:

»Die Fehlerquote bewegt sich wie im Vorjahr in einem Korridor zwischen 1,0 und 1,5 % und bleibt im Jahresdurchschnitt weiterhin unter 1,2 %.«

»Bis 15.00 Uhr eingehende Aufträge werden tagesgleich zum Versand gebracht.«

Diese Art von Zielen spielt im Coachingprozess eine eher untergeordnete Rolle. Als Coach müssen Sie allerdings darauf achten, dass bei neuen herausfordernden Aufgaben die Kategorie der Standardziele nicht »unter die Räder« gerät. Es wäre fatal, wenn durch das Anstreben neuer Ziele die bisher reibungslosen Abläufe in Gefahr geraten würden.

2. Problemlösungsziele

Die Überwindung einer bestimmten Schwierigkeit steht im Vordergrund

Beschreiben die Kategorie von Zielen, bei denen die Überwindung einer bestimmten Schwierigkeit im Vordergrund steht.

BEISPIELE FÜR PROBLEMLÖSUNGSZIELE:

»Zur Verbesserung der Kundenzufriedenheit wird die Fehlerquote im Jahresdurchschnitt nachhaltig um 2%-Punkte unter das Vorjahresniveau gedrückt.«

»Zur Verbesserung der Marktposition wird der Bekanntheitsgrad der Marke um 20% gegenüber den zuletzt festgestellten Werten erhöht.«

»Zur Vorbereitung auf künftige Führungsaufgaben schließt Herr X das Projekt ›Zusatznutzen im Produktbereich Z‹ im Rahmen der Budgetvorgabe bis Mitte des Jahres zielkonform ab.«

Es liegt auf der Hand, dass im Coachingprozess unter anderem diese Zielkategorie im Vordergrund stehen wird. Coaching setzt schwerpunktmäßig dort an, wo Schwierigkeiten zu erwarten oder zu befürchten sind. Die Aufgabe des Coaches beginnt bei der Vereinbarung der Ziele. Wenn Schwierigkeiten zu erwarten sind, muss von vornherein auch geklärt sein, welche Unterstützung Sie als Coach dem Mitarbeiter geben und was der Mitarbeiter tun muss, um Ihre Unterstützung zu erhalten.

3. Innovations- oder kreative Ziele

deutliche und ambitionierte Verbesserungen oder Veränderungen

beschreiben deutliche und ambitionierte Verbesserungen oder Veränderungen gegenüber dem bisherigen Standard und werden damit zum bevorzugten Zielgebiet für das Coaching. Hier werden Sie als Coach sicherstellen müssen, dass ein enger Coachingprozess sicherstellt, dass die vorab genau zu definierenden und zu vereinbarenden Zwischenziele regelmäßig reflektiert, Abweichungen analysiert und der weitere Weg zum Ziel entsprechend modifiziert wird. Vor dem Hintergrund der Coachingphilosophie, die sich zu ausgeprägter Unterstützung und zu ausgeprägtem Fordern bzw. Anordnen bekennt, sicher eine besonders spannende Herausforderung für den Coach. Eine Gratwanderung zwischen dem Erreichen eines Maximums und der Überforderung.

Beispiele für Innovationsziele:

»Im nächsten Jahr werden im Rahmen unserer Kernkompetenzen 5 % des Umsatzes mit neuen Produkten in angestammten und angrenzenden Märkten erzielt.«

»Bis Mitte des Jahres sind drei neue Erfolg versprechende Zusatzdienstleistungen bis zur Marktreife entwickelt.«

4. Persönliche Entwicklungsziele

fachliche, methodische, persönliche und soziale Kompetenz von Mitarbeitern

beziehen sich auf die fachliche, methodische, persönliche und soziale Kompetenz von Mitarbeitern und stehen damit auch oft im Mittelpunkt des Coaching. Problemlösungsziele oder Innovationsziele zu erreichen bedingt in der Regel, dass der Mitarbeiter sich auch persönlich weiterentwickelt. Immer dann, wenn diese Weiterentwicklung größere Dimensionen annimmt, als es sich der Mitarbeiter selbst zutraut oder wenn die Veränderungen schneller vonstatten gehen müssen, als es dem Tempo des Mitarbeiters entspricht, kann Coaching die sinnvolle Form der Unterstützung sein. Hier wird auch besonders der ganzheitliche Ansatz des Coaching deutlich: es differenziert und setzt dort an, wo der Wirkungsgrad am höchsten ist.

Beispiele für persönliche Entwicklungsziele:

»Herr XY erreicht unter anderem durch eine professionelle Reklamationsbearbeitung eine nachhaltige Erhöhung der Stammkundenquote und eine messbare Verbesserung der Kundenzufriedenheit.«

»Das Selbstverständnis der Personalentwicklung sowie deren Aufgaben und Möglichkeiten sind bis Ende des Jahres allen Führungskräften bekannt; als Basis für die durchzuführenden Präsentationen entwickelt Frau YZ ein professionelles Auftreten gegenüber Führungskräften.«

2.4 Die Mischung macht's – das komplette Zielsystem

Die Leiterin der Personalabteilung eines Unternehmens, das in den letzten Jahren mehrere Fusionen verkraften musste, will für ihre Abteilung nach den mit den Fusionen verbundenen Sonderaufgaben wieder eine stärker strategische Ausrichtung mit entsprechend herausfordernden Aufgabenstellungen erreichen. Als flankierende Maßnahme soll der Bekanntheitsgrad der Abteilung gegenüber den Führungskräften des Unternehmens erhöht, Transparenz über die eigenen Möglichkeiten hergestellt und damit ein Image als kompetenter Problemlöser entwickelt werden.

Für die überwiegend recht jungen Mitarbeiterinnen und Mitarbeiter ohne langjährigen Erfahrungshintergrund stellen sich damit spannende und herausfordernde Aufgaben und vor allem ergibt sich ein enormer Entwicklungsbedarf:

Für die Mitarbeiterin, die eine Präsentation der Abteilung vorbereiten und durchführen soll, geht es teilweise darum,

- *in fachlicher Hinsicht letzte Unsicherheiten abzubauen,*
- *sich methodische Sicherheit bei der Vorbereitung und Durchführung von Präsentationen anzueignen,*
- *persönlich die notwendige Selbstsicherheit zu entwickeln, um vor »gestandenen« Führungskräften souverän auftreten zu können und*
- *in Bezug auf die soziale Kompetenz in Diskussionen mit den Führungskräften angemessen reagieren und erfolgreich für die eigene Abteilung Überzeugungsarbeit leisten zu können.*

Ziele sind nie isoliert, sondern bauen aufeinander auf

Ihre Aufgabe als Coach würde es hier sein, darauf hinzuwirken und sicherzustellen, dass eine logische und sinnvolle Verknüpfung von kurz-, mittel- und langfristigen Zielen gelingt und sich aus einer angemessenen Kombination von Standard-, Problemlösungs-, Innovations- und persönlichen Entwicklungszielen die individuelle Grundlage für die Zukunft der Mitarbeiterin bildet.

Erst wenn dies gewährleistet ist, ist ein ganzheitliches und vollständiges Zielsystem entstanden. Wegen der bestehenden Verknüpfungen und Abhängigkeiten zwischen den einzelnen Zielkategorien und Zieldimension ist das eine wichtige Voraussetzung für wirklich erfolgreiches Handeln nach Zielen.

2.5 Der Coach fordert seine Mitarbeiter schon bei der Zielfindung

Die Einbindung in Zielfindungsprozesse bedingt keine Basisdemokratie

Es ist keine Frage, dass es beim Entwickeln von Zielen in Unternehmen keine Basisdemokratie geben kann. Ziele werden teilweise klar und unmissverständlich vorgegeben. In Unternehmen, in denen ein kooperatives Führungsverständnis gewollt ist, erfolgt in der Regel auch vor der Bekanntgabe beispielsweise der Jahresziele ein interner Top-Down/-Bottom-Up Abstimmungsprozess: Zielgrößen werden Top-down vorgestellt und in den jeweiligen organisatorischen Einheiten reflektiert und kommentiert. Aufgrund dieser Rückmeldungen und Kommentare über die zu diskutierenden Zielgrößen entwickelt die Unternehmensleitung dann das endgültige Zielsystem.

Führungskraft

Die FÜHRUNGSKRAFT wird die von oben vorgegebenen Ziele ohne große Diskussionen an die Mitarbeiter weitergeben und darauf hinweisen, dass die Ziele zu erreichen sind. Vielleicht wird sie die Ziele sogar noch etwas nach oben schrauben, damit die Mitarbeiter auch genug Anstrengung entwickeln, um zumindest die vorgegebenen Ziele zu erreichen. Bedenken wird sie vom Tisch wischen und als lästigen Widerstand abtun. In der Durchführung wird die Führungskraft die Mitarbeiter eher allein lassen, als dass sie Unterstützung anbietet und leistet.

Coach

Die Herausforderung liegt dann für Sie als COACH darin, in Bezug auf die vorgegebenen Ziele sicherzustellen, dass Ihre Mitarbeiter sich eigenständig so weiterentwickeln, dass sie Wege und Möglichkeiten sehen, die Ziele zu erreichen. Sie unterstützen sie dort mit einem Coaching, wo sie Unterstützung benötigen.

Überall da, wo Freiräume bestehen, Detailziele oder Unterziele zu formulieren, stehen Sie in der Rolle der Führungskraft wieder in der Gefahr, zu stark zu unterstützen, wenn Sie sich schon abschließende Gedanken über die Ziele für den einzelnen Mitarbeiter machen.

Als Coach geben Sie daher Ihren Mitarbeitern den Auftrag, im Rahmen der gesamten Zielsetzung eigene Zielsetzungen

Auftrag an die Mitarbeiter, im Rahmen der gesamten Zielsetzung eigene Zielsetzungen zu entwickeln

zu entwickeln. Wenn einzelne Mitarbeiter hierzu nicht in der Lage sind, wäre der erste Coachingansatz, die Mitarbeiter dazu zu bewegen, eigene Ziele zu definieren und sie dabei aktiv zu unterstützen, bis die Ziele formuliert und akzeptiert sind.

2.6 Zu Zielen gehören zwangsläufig die Messkriterien

»Woran erkennen Sie, dass ein Ziel erreicht ist?«

»Woran erkennen Sie, dass ein Ziel erreicht ist?« das ist die zentrale Frage beim Arbeiten mit Zielen. Erfahrungsgemäß ist es nicht immer einfach, zu Zielen auch klare Messkritierien zu definieren. Natürlich lassen sich Umsatzzahlen, Erträge, Ergebnisbeiträge und ähnliche Messgrößen leicht festlegen. Manchmal werden Sie feststellen, dass Ziele in Bereiche vorstoßen, für die es bisher keine Messkritierien gibt.

Angenommen, die Verbesserung der Kundenzufriedenheit ist eine wichtige unternehmerische Zielsetzung. Dann stellt sich die Frage, an welchen Kriterien hier eine Verbesserung festzumachen ist. Wenn es keine Bezugsgrößen und keine Messkritierien dafür gibt, muss ein erstes Ziel sein, diese zu entwickeln bzw. als Basisindikator in einer ersten Aktion zunächst einmal die aktuelle Kundenzufriedenheit zu ermitteln.

Ziele und deren Kontrolle – der Regelkreis des Erfolgs

Ziele sind Mittel zum Zweck

Ziele zu formulieren darf und kann und auch kein Selbstzweck sein. Ziele ohne die Bereitschaft, die Zielerreichung auch zu kontrollieren und zu reflektieren, können nur eine Pflichtübung darstellen. Erst die Kontrolle, ob und inwieweit die Ziele erreicht werden konnten, bietet die Grundlage für das weitere zielorientierte Vorgehen. Sinnvoll ist es, schon bei der Zielvereinbarung festzulegen, wann und wie die Ziele von wem kontrolliert werden.

Nicht jedes Unternehmen wird konsequent nach Zielen geführt. Während dies im Bereich Vertrieb schon eher in hohem Maße umgesetzt ist, ist zumindest in internen Bereichen von Unternehmen vielfach noch kein stringentes System des Arbeitens nach Zielen vorhanden.

Die Erfahrungen von Unternehmen, die sich erstmals mit dieser Thematik befassen und Führen mit Zielen einführen, zeigen immer wieder, dass es gegen die Einführung klarer

Ziele eine Fülle an Vorbehalten gibt. Hinter diesen Vorbehalten stecken bei näherem Hinsehen Befürchtungen und Ängste der Mitarbeiter: vor Misserfolg, vor unberechenbaren Entwicklungen, vor ungerechtfertigter Kritik, vor zu viel Kontrolle, vor Auswirkungen auf die eigene Position, vor Wirkungen auf das Einkommen etc. Auch darin, diese Widerstände zu entkräften, steckt eine Herausforderung für den Coach.

Gegen das Führen mit Zielen gibt es vielfach Widerstand

Wer als Führungskraft Ziele gegen solche Widerstände und Vorbehalte anordnet, riskiert verdeckten und auch offenen Widerstand gegen die Ziele. Viel Energie wird verschwendet, wenn Mitarbeiter sich über den Tisch gezogen fühlen und in langen Diskussionen versuchen, an Zielvereinbarungen vorbeizukommen oder zumindest die Höhe und den Anspruch der Ziele nachhaltig nach unten zu drücken.

In einer solchen Situation wird bei der Diskussion über das Verfehlen von Zielen eher eine negativ geprägte Gesprächsatmosphäre entstehen, in der das Rechtfertigen im Vordergrund steht und das Suchen nach Lösungen für die künftige Zielvereinbarungsperiode erheblich erschwert oder sogar vorübergehend verhindert wird. Auch hier wieder Energieverschwendung auf beiden Seiten.

Nicht ausgeräumte Bedenken verhindern konstruktives Arbeiten

> *Für den Coach sind Ziele erst dann wirklich definiert, wenn er sichergestellt sieht, dass alle Vorbehalte und Bedenken gegen die Ziele angesprochen und geklärt sind.*

Deswegen wird er mit Sensibilität und seinem Gespür für Misstöne die Widerstände herausspüren, sie zunächst akzeptieren und dann in einer konstruktiven Diskussion für eine Klärung der Vorbehalte sorgen.

2.7 Lohnt sich so viel Aufwand, um Ziele zu formulieren?

Führen mit Zielen darf natürlich kein bürokratischer Prozess werden. Genauso fatal wäre es, wenn Ziele angeordnet sind und Diskussionen über die Ziele und insbesondere über den Weg zum Ziel nur vorgeschobene Pflichtübungen darstellen würden. Ohne konsensfähige Ziele kann letztlich jede Aktivi-

Ohne Ziele kann man praktisch keine Fehler oder nur Fehler machen

tät aus der eigenen Sichtweise heraus als richtig oder als falsch eingeschätzt werden. Ohne Ziele kann man also praktisch keine Fehler oder nur Fehler machen. Wenn es keine Ziele als Messgröße gibt, fördert das natürlich Subjektivität oder sogar Willkür. Unfaire Vorgesetzte können dann ohne weiteres den Spieß umdrehen und jede Aktivität als falsch bewerten.

Für Führungskräfte sind die Ziele ohne Frage ein sehr grundlegendes und enorm wichtiges Führungsinstrument; für den Coach sind die Ziele eine unabdingbare und äußerst wichtige Voraussetzung für den Coachingprozess und alle damit verbundenen Aktivitäten. Jedes Coaching orientiert sich an den Unternehmenszielen und stellt die Verbindung zu den persönlichen Entwicklungszielen her – aufgaben- und mitarbeiterbezogene Sichtweise werden hier in idealer Weise miteinander kombiniert.

Coaching verbindet in der Zielfindung aufgaben- und mitarbeiterbezogene Sichtweise

CHECKLISTE »ZIELVEREINBARUNG«
für Ihre persönliche Standortbestimmung als Coach:

- ✔ Ziele sind für mich klar formuliert.
- ✔ Die Ziele sind aus den Unternehmenszielen abgeleitet.
- ✔ Jeder Mitarbeiter hat aus den Unternehmenszielen abgeleitete Detailziele akzeptiert.
- ✔ Innerhalb der Ziele gibt es eine klare Hierarchie.
- ✔ Die Rahmenbedingungen sind berücksichtigt worden.
- ✔ Es finden regelmäßige Zielgespräche statt.
- ✔ Bei den Zielformulierungen konnten die Mitarbeiter angemessen mitwirken.
- ✔ Festgelegt sind die wichtigsten längerfristigen Ziele.
- ✔ Die Mitarbeiter haben und kennen ihre Freiräume in Bezug auf das Erreichen der Ziele.
- ✔ Die Mitarbeiter haben die notwendigen Kompetenzen.
- ✔ Die Zielvereinbarungen sind schriftlich fixiert.
- ✔ Die Ziele sind zwar ambitioniert aber erreichbar.
- ✔ Die Mitarbeiter identifizieren sich mit den Zielen.
- ✔ Die Mitarbeiter wissen, dass und welche Unterstützung sie bei Bedarf von mir erhalten.

3 VEREINBARUNGEN ALS »VERTRAGSGRUNDLAGE« ZWISCHEN COACH UND MITARBEITER

Was ist ein Vertrag? Wenn Sie einen Juristen zurate ziehen, wird er etwa folgendermaßen formulieren: *»Ein Vertrag ist eine übereinstimmende Willenserklärung zwischen zwei oder mehreren natürlichen oder juristischen Personen«*. Nun ist hinlänglich bekannt, dass auch die ausgefeiltesten Verträge nicht davor schützen, dass irgendwann die Vertragsparteien beginnen, sich über die Vertragsinhalte oder Bedingungen zu streiten. Solche Streitfälle beschäftigen nicht selten dann auch die Gerichte.

Arbeitsabläufe beinhalten Verpflichtungen: In Unternehmen werden tagtäglich viele kleine Verträge geschlossen

In Unternehmen werden tagtäglich viele kleine Verträge geschlossen: Der Vorgesetzte gibt einem Mitarbeiter einen Auftrag, der Mitarbeiter sagt *»Geht in Ordnung – wird erledigt«* und führt den Auftrag aus. In Unternehmen werden aber auch tagtäglich viele kleine »Verträge« nicht anforderungsgerecht erfüllt; Diskussionen, Ursachenanalyse, neue Verträge schließen sich an. Keine Frage, dass jeder nicht eingehaltene Vertrag zu Fehlern, Unzufriedenheit, Nacharbeit und Zeitaufwand für Diskussionen etc. führt. Insofern ist auch hier wieder eine Energieverschwendung zu beobachten.

Deshalb stellt sich die Frage, wie die die vielen kleinen »Verträge« zwischen Vorgesetzten und Mitarbeitern so geschlossen werden können, dass es im Nachhinein keine Fehler und Diskussion über Missverständnisse geben kann – wie kann auch hier »energiesparend« geführt werden?

Führen mit Vereinbarungen

Eine wichtige Grundlage des Führens ist das Führen mit Vereinbarungen.
Eine Vereinbarung

- ist die gegenseitige Verpflichtung von zwei oder mehreren Parteien, eine bestimmte Leistung zu erbringen,
- legt für jede Partei fest, wer was in welcher Menge und in welcher Qualität bis wann umzusetzen hat,
- setzt voraus, dass die Parteien sich einig darüber sind, dass Leistung und Gegenleistung ausgewogen sind und die Vereinbarung als fair empfinden.

Spannend und interessant ist bei dieser Definition der Aspekt der Gegenseitigkeit: Beide Seiten erbringen eine Leistung – Leistung und Gegenleistung sollen in einem angemessenen Verhältnis stehen.

Vereinbarungen beruhen auf Gegenseitigkeit

Das ist wieder der Coachingansatz: Im Coaching bietet der Coach dem Mitarbeiter »Gegenleistungen« in dem vom Mitarbeiter gewollten und sinnvollen Maß an, wie zum Beispiel:

- Unterstützung im Analysieren von Situationen,
- Unterstützung beim Herausarbeiten von Ursachen und Problemen,
- Unterstützung in der Formulierung realistischer Ziele,
- Unterstützung beim Entwickeln und Umsetzen von Lösungsstrategien,
- Unterstützung bei der Weiterentwicklung der persönlichen und sozialen Kompetenzen,
- Unterstützung bei der Weiterentwicklung der fachlichen und methodischen Kompetenzen,
- Unterstützung bei der beruflichen Weiterentwicklung.

Und hier liegt auch wieder der Unterschied zur Führungskraft: Wenn die FÜHRUNGSKRAFT dem Mitarbeiter Aufträge erteilt, wird sie davon ausgehen, dass diese vom Mitarbeiter akzeptiert und verstanden sind. Sie wird Rückfragen eher ungeduldig beantworten, sie wird Bedenken vom Tisch wischen und letztlich den Mitarbeiter eher allein mit der Aufgabe lassen, als dass sie aktive Unterstützung anbietet und diese mit einer klaren Vereinbarung absichert.

Grundlagen für ein erfolgreiches Arbeiten mit Vereinbarungen

mit dem 6-W-Schema Klarheit schaffen

Der COACH stellt dagegen sicher, dass es tragfähige Vereinbarungen gibt. Er schafft die Grundlage für ein erfolgreiches Arbeiten mit Vereinbarungen, indem er achtet darauf, dass

- die Vereinbarungen jeweils unmissverständlich ausgehandelt werden *(»Wer macht was in welcher Qualität/ Quantität bis wann wozu mit welcher Unterstützung?«)*,
- Konflikte, Schwierigkeiten offen angesprochen und gelöst werden,
- jeder verbindlich zustimmt und entsprechend handelt,
- derjenige, der eine Vereinbarung nicht einhalten kann, den Partner umgehend informiert und ihm eine angemessene Lösung vorschlägt,
- Verstöße gegen Vereinbarungen nicht kommentarlos hingenommen werden sondern zu einer angemessenen Reaktion führen,
- eine gegenseitige Verpflichtung vorliegt,
- der Leistungsumfang eindeutig definiert wird und geklärt ist, das keine geheimen Leistungserwartungen vorliegen,

- eventuelle Konflikte mit bereits bestehenden Vereinbarungen berücksichtigt und geklärt werden,
- die Leistungsfähigkeiten oder -möglichkeiten beider Parteien richtig eingeschätzt worden sind.

4 Konstruktiver Umgang mit Widerständen

Im Führungsalltag haben es Vorgesetzte immer wieder mit Widerstand zu tun: Widerstand, der sich gegen Ziele, Inhalte, Qualitätsanforderungen, Termine, Arbeitsmenge und so weiter richtet. Ein Teil dieses Widerstands ist erkennbar, weil der Mitarbeiter seine abweichende Meinung eindeutig äußert.

Nicht jeder Widerstand ist direkt erkennbar

Der andere Teil des Widerstands ist dagegen schwer erkennbar – der Mitarbeiter stimmt nur zögernd zu, stimmt zwar formell zu und äußert parallel dazu erheblich Bedenken, lässt eine definitive Zustimmung offen, kommt bei Misserfolgen mit dem Argument *»Ich habe es gleich befürchtet«* und Ähnlichem. Keine Frage, dass es Vorgesetzten am schwersten fällt, mit diesem unterschwelligen Widerstand konstruktiv und zielführend umzugehen.

Bei Auftreten von Widerständen zeigen sich wieder die Unterschiede zwischen der Führungskraft und dem Coach. Die FÜHRUNGSKRAFT reagiert auf offenen Widerstand eher ungeduldig und ungehalten. Entweder sie verstärkt den Druck und lässt erkennen, dass Widerstand zwecklos ist und nur Ärger bringen wird oder sie versucht, die Bedenken und Widerstände dadurch zu umgehen, dass sie sie relativiert und vom Tisch wischt – entweder in einer kritischen »Stellen-Sie-sich-doch-nicht-so-an-Variante« oder in der tröstenden »Das-ist-doch-gar-nicht-so-schwierig-Version«. Auf diesem Wege erreicht die Führungskraft jedoch keine echte Akzeptanz, keinen tragfähigen Konsens und damit auch keine Vereinbarung im Sinne der Ausführungen des vorigen Kapitels.

Druck schafft keine Akzeptanz

Anders wiederum der COACH. Für den Coach ist jeder Widerstand ein wichtiges Signal für ein Ungleichgewicht.
Er achtet daher darauf,

Für den Coach ist jeder Widerstand ein wichtiges Signal für ein Ungleichgewicht

- den Widerstand sensibel wahrzunehmen,
- den Widerstand neutral zu akzeptieren,

- den Widerstand kennen zu lernen,
- den Widerstand zu verstehen und sein Verständnis auch zu äußern,
- seine eigene abweichende Meinung konstruktiv zu äußern,
- den Anderen Lösungen vorschlagen lassen und
- wenn nötig selbst Lösungen, Ziele, Perspektiven anzubieten – aber sie nicht aufzudrängen.

Der Coach berücksichtigt bei seinen Interventionen, dass Widerstand sich nur verstärkt, wenn er versuchen würde, den Anderen seinen Vorstellungen entsprechend zu etwas zu bewegen, was er weder will noch zu dem er zustimmt. Der Coach weiß, dass ein Verhalten, welches dazu führt, dass der Andere sich nicht zu behaupten weiß, eine konstruktive Arbeitsatmosphäre nachhaltig verhindert.

5 Planung und Strategie entwickeln

Eine wesentliche Aufgabe von Vorgesetzten ist es sicherzustellen, dass Ziele auch erreicht werden können. Für den Weg vom Ist- zum Sollzustand müssen die Aktivitäten hinreichend feststehen. Eine nachvollziehbare und realistische Planung muss sicherstellen, dass die notwendigen Maßnahmen in einem sinnvollen Gesamtzusammenhang stehen und aufeinander abgestimmt sind. Außerdem muss die Planung natürlich das Tagesgeschäft, sonstige Ziele im Rahmen des jeweiligen Aufgabenbereichs und gegebenenfalls auch Aktivitäten im Rahmen von Projektarbeit und Projektverantwortung berücksichtigen.

Im Bereich der Strategieentwicklung liegt am ehesten Manövriermasse für die Vorgesetzten und Mitarbeiter

Während sich bei der Festlegung von Zielen oft ein wesentlicher Teil der Ziele im Rahmen von geschäftlichen Vorgaben bewegen muss und damit der Spielraum für Vereinbarungen und Eigeninitiative in der Formulierung von Zielen eher begrenzt ist, liegt gerade im Bereich der Strategieentwicklung am ehesten Manövriermasse für die Vorgesetzten und Mitarbeiter.

Denn gerade in der Frage, welche Maßnahmen am ehesten geeignet sind, Ziele zu erreichen, spielen natürlich individuelle Erfahrungen und Überzeugungen eine große Rolle. Darüber hinaus kann man davon ausgehen, dass jeder Mitarbeiter – sofern er nicht gerade ganz neu in einer bestimmten Aufgabenstellung ist – auch seine individuellen Erfolgsrezepte hat, mit denen er persönlich ähnliche Aufgabenstellungen bewältigt und vorgegebene Ziele erreicht hat.

Gerade in der Möglichkeit einer durch Individualität geprägten Entwicklung von Strategien liegt auch ein erhebliches Motivationspotenzial. Keine Frage ist es, dass sich ein Mitarbeiter eher mit Vorgehensweisen identifiziert, die er selbst mitbestimmen kann, als dass er aus voller Überzeugung heraus Aktivitäten durchführt, die vorgegeben sind und die er deshalb als übergestülpt oder aufgepfropft erlebt.

In der Möglichkeit einer individuellen Strategieentwicklung liegt ein erhebliches Motivationspotenzial

Natürlich muss darauf geachtet werden, dass die entwickelten Strategien nicht gegen die Unternehmensverfassung, gegen interne Vorschriften, gegen rechtliche Rahmenbedingungen und sonstige nicht diskutierbare Einschränkungen und Begrenzungen verstößt.

Die Führungskraft wird unbeirrt davon dafür Sorge tragen, dass sich in den zu entwickelnden Strategien ihre persönlichen Erfahrungen und Kenntnisse wieder finden lassen. Sie wird sich über die möglichen Aktivitäten schon im Vorfeld von Besprechungen sehr detaillierte Gedanken machen und daraus recht konkrete Aktitivätenplanungen entwickeln. Diese schon vorgedachten Strategien wird sie den Mitarbeitern vorstellen und nach Kräften versuchen, ihnen ihre Vorgehensweise schmackhaft zu machen – »zu verkaufen«.

Anders dagegen der Coach: Er wird seine Aufgabe bei der Strategieentwicklung primär darin sehen, die Mitarbeiter dazu zu bringen, selbst eine stimmige und in sich schlüssige Maßnahmenplanung zu entwickeln.

Der Coach unterstützt die Mitarbeiter bei ihrer individuellen Maßnahmenplanung

Dazu unterstützt er die Mitarbeiter unter verschiedenen Blickrichtungen – je nachdem, welche Unterstützung sie wirklich benötigen, beispielsweise in

- der methodischen Vorgehensweise beim Sammeln, Strukturieren, Koordinieren und Bewerten möglicher und zielführender Aktivitäten,
- der Formulierung der Aktivitäten mit dem Ziel, klar nachvollziehbare und überprüfbare Maßnahmen zu entwickeln,
- der Frage, wie ein Controlling aussehen muss, das die Umsetzung der Strategie zeitnah absichert.

Auch hierbei steht für den Coach wiederum die Grundidee im Vordergrund, die Mitarbeiter mit einem Minimum an eigenem Energieaufwand so zu unterstützen, dass ein aus unternehmerischer Sicht qualitativ gutes Ergebnis zustande kommt und die Mitarbeiter engagiert und motiviert hinter den festgelegten Maßnahmen stehen, weil sie einerseits das Vertrauen haben, die Maßnahmen wirklich umsetzen zu können und andererseits aber auch eine Herausforderung darin sehen, die eine persönliche Weiterentwicklung erfordert und ermöglicht.

5.1 Unterstützung in der Methodik

Eine anspruchsvolle Strategieentwicklung basiert auf einer gesunden Mischung zwischen dem Weiterführen von Aktivitäten, die sich bewährt haben und dem Entwickeln und Austesten von neuen Ansätzen auf dem Wege zum Ziel.

Um dies zu erreichen, müssen im Rahmen einer strukturierten und transparenten Vorgehensweise in vier Schritten

- Ideen und Ansätze in kreativer Form gesammelt werden,
- die gesammelten Ideen strukturiert und
- mit nachvollziehbaren Kriterien bewertet werden, um dann
- eine Entscheidung über die endgültige Strategie treffen zu können.

Ideen kreativ sammeln

Drei klassische Fehler beim Brainstorming

Der Begriff Brainstorming gehört schon seit Jahren fest zum Sprachgebrauch und zum methodischen Repertoire von Führungskräften und Mitarbeitern. Nichtsdestoweniger ist die Umsetzung dieser klassischen Kreativitätstechnik häufig noch erheblich verbesserungsfähig. Drei klassische Fehler fallen dabei am häufigsten auf:

Fehler 1: die Fragestellung oder die Aufforderung, mit der das Brainstorming eingeleitet wird, ist unklar oder zu stark eingeschränkt.

Eine unklare Fragestellung wäre beispielsweise eine Frage wie »*Wie gehen wir denn jetzt vor?*« oder »*Jetzt könnten wir uns ja mal über die Vorgehensweise unterhalten*«. In einer derartigen Frage fehlen die klare Intention und der klare Auftrag.

Eine zu stark eingeschränkte Fragestellung wäre beispielsweise »*Was sind die besten Ideen, wie wir unsere Ziele errei-*

chen?« oder *»Lasst uns jetzt mal wirklich gute Ideen sammeln, wie wir vorgehen werden!«*

Wichtig ist es, das Brainstorming motivierend und aktivierend einzuleiten. Das erreichen Sie in erster Linie mit einer offenen Frage (siehe Teil 4, Kap. 1.2) und mit einer Grundhaltung, die erkennen lässt, dass Sie Ihren Mitarbeitern zutrauen, dass das gemeinsame Brainstorming ein gutes Ergebnis zutage fördern wird.

das Brainstorming motivierend und aktivierend einleiten

Wo der Coach mit seiner Unterstützung ansetzen wird, hängt von der Ausgangsbasis ab. Wenn die Mitarbeiter in der Methode Brainstorming wenig Erfahrung haben oder wenn die Methode bisher noch nicht optimal genutzt wird, dann beginnt die Unterstützung des Coaches schon in der Einstimmung auf die Methode.

Während die FÜHRUNGSKRAFT Brainstorming anordnen und als Regel etwa *»Es wird nicht bewertet«* verkünden würde, geht der COACH wiederum mit einer fragenden Haltung in die Vorbereitung. Er fragt beispielsweise Mitarbeiter, die bereits Erfahrungen mit Brainstorming sammeln konnten, was sie an bisherigen Brainstormings als positiv und was sie als kritisch erlebt haben und fragt, welche Grundregeln des Brainstorming bekannt sind und auf welche man gemeinsam in dem folgenden Arbeitsschritt besonders achten sollte. Wenn den Mitarbeitern die Methode des Brainstorming noch unbekannt sein sollte, dann wird er vor dem Beginn des Brainstorming vorschlagen, dass man zunächst einmal Ideen sammeln sollte, ohne diese zu bewerten und wird gleichzeitig anregen, nach dem Brainstorming zu reflektieren, ob diese Regel praktikabel und hilfreich war.

Der Coach reflektiert die Regeln

FEHLER 2: WÄHREND DES KREATIVEN SAMMELNS FINDEN ABWERTUNGEN UND VOREILIGE BEWERTUNGEN STATT – SOWOHL VERBAL ALS AUCH NONVERBAL

Auch wenn die Regel des Nicht-Bewertens vorher bekannt gegeben oder vereinbart wurde, ist noch lange nicht ausgeschlossen, dass nicht doch immer wieder mal Bewertungen stattfinden.

Die Bandbreite an Bewertungen ist groß – entsprechend unterschiedlich ist auch der Wirkungsgrad. Es beginnt mit einem kritischen Blick, geht über merkliches Kopfschütteln bis hin zu leicht skeptischen Kommentaren wie *»Das wird*

Auch nonverbale Bewertungen sind Bewertungen

schwierig« und kann sich bis zu den so genannten Killerphrasen steigern: *»Das haben wir noch nie so gemacht«* oder *»Das ist viel zu aufwändig«* oder *»Dafür bekommen wir keine Mittel bewilligt«.* Solche Bewertungen wirken als »Ideenkiller« – sie bremsen die Kreativität deutlich ab und führen entweder zu Diskussionen, was sinnvoll oder nicht sinnvoll ist, oder dazu, dass statt einer Ideenflut gerade das Gegenteil eintritt: Betretenes oder verärgertes Schweigen.

Der Vorgesetzte ist in mehreren Richtungen gefordert: zum einen soll er sich selbst mustergültig und vorbildhaft verhalten und selbst keinerlei Bewertungen abgeben. Zum anderen soll er darauf achten, dass auch innerhalb des Teams keine Bewertungs- oder Abwertungstendenzen entstehen oder sich verfestigen. Darüber hinaus soll er durch entsprechende Interventionen dafür sorgen, dass die Ideen gleichmäßig fließen und dass das Ergebnis einigermaßen ergiebig ist.

Sich selbst wie ein gleichberechtigtes Teammitglied zu verhalten, fällt der Führungskraft schwer

Sich selbst im Brainstorming in erster Linie wie ein gleichberechtigtes Teammitglied zu verhalten und gleichzeitig eine motivierende Atmosphäre für das Entwickeln von Lösungsansätzen zu schaffen, fällt gerade der engagierten, ziel- und lösungsorientierten FÜHRUNGSKRAFT schwer; insbesondere wenn sich eine kritische Grundtendenz dazugesellt, aus der sich für die Führungskraft immer wieder die Falle ergibt, dass sie gedanklich sehr schnell das Haar in der Suppe findet und dies auch schnell äußert – implizit durch Mimik oder Gestik oder explizit in entsprechend kritischen Formulierungen *»Also da habe ich so meine Bedenken ...« oder »In die Richtung sollten wir gar nicht weiter denken, das wird zu schwierig umzusetzen ...«*

Einfacher hat es der COACH: von seinem Grundverständnis her ist er ohnehin überzeugt, dass nur durch das Zusammentragen vieler unterschiedlicher Ideen die notwendige Bandbreite an möglichen Lösungen zu erreichen ist. Außerdem geht er davon aus, dass seine, mit den Datails vertrauten Mitarbeiter viele gute und vielleicht wesentlich bessere Ideen haben werden als er selbst. Zudem ist ihm bewusst, dass die Mitarbeiter natürlich die Ideen, die aus den eigenen Reihen gekommen sind, mit wesentlich mehr Engagement und Begeisterung umsetzen werden, als wenn es »nur« die Ideen des Vorgesetzten wären.

Eigene Ideen setzen Mitarbeiter engagierter um als die des Vorgesetzten

FEHLER 3: WENN DIE IDEENFLUT ABEBBT, WIRD DAS BRAINSTORMING ZU SCHNELL BEENDET, OBWOHL GERADE DANN OFT DIE KREATIVSTEN IDEEN KOMMEN

Dieser Fehler ist nicht so bekannt wie die beiden anderen »klassischen« Fallstricke. Wenn man die Menge der Ideen in einem Brainstorming in Form einer Kurve darstellt, sähe dies zunächst so aus:

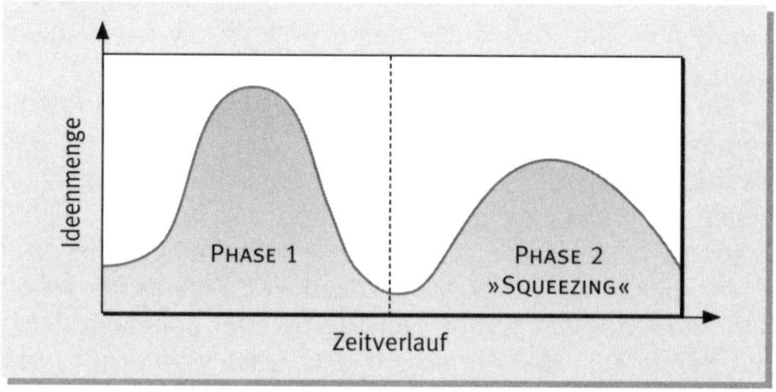

Abb. 5.1: Ideenfluss im Brainstorming

Ein Brainstoming beginnt meist etwas verhalten, man muss sich erst »warmdenken«. Wenn die ersten Ideen geäußert sind, entsteht der Effekt, dass man sich gegenseitig inspiriert und die Ideenflut dadurch anwächst. Nach einer gewissen Zeit werden die Ideen wieder spärlich und bleiben irgendwann einmal ganz aus.
Jetzt ist ein entscheidender Punkt, an dieser Stelle das Brainstorming nicht schon vorzeitig zu beenden, sondern gerade dann zu versuchen, zu einem Weiterdenken anzuregen und die Teilnehmer des Brainstormings entsprechend zu motivieren. Diese Phase 2 wird bezeichnenderweise auch »squeezing« genannt, was so viel wie »ausquetschen« bedeutet.

Es gilt nämlich als erwiesen, dass gerade nach der ersten Stagnationsphase eines Brainstormings die wirklich guten und realisierbaren Ideen kommen. Der Grund ist, dass zuerst oft die bekannten Lösungsideen von eher durchschnittlicher Qualität kommen, die schneller präsent und leichter abrufbar sind. Die wirklich guten Ideen basieren dann auf den ersten schnellen Ideen und stellen eine Ergänzung und zumeist eine qualitative Verbesserung dar.

Die wirklich guten und innovativen Ideen kommen in der Regel erst später

Die Führungskraft wird diese spannende Stelle als kritische Phase interpretieren und tendenziell eher ungeduldig und ungehalten fordern *»Da muss es doch noch mehr an Ideen geben – so toll war das ja bisher nicht«* oder sie sieht ihre skeptische Grundeinstellung gegenüber der Kreativität ihrer Mitarbeiter bestätigt und bricht das Brainstorming ab. Zum Selbstverständnis der Führungskraft würde es auch passen, dass sie mit Vehemenz und Durchsetzungsbereitschaft nun ihre Vorschläge nennt und sie als beste Ideen propagiert.

Ein Coach ingegen interpretiert das Auslaufen der kreativen Phase und das Fehlen weiterer Vorschläge sowie das darauf eintretende Schweigen als Appell zu einer angemessenen Unterstützung. Er kommentiert das bisher erreichte Ergebnis positiv mit einer kleinen Anerkennung: *»Das sind doch schon viele interessante Ideen – da können wir schon sehr zufrieden mit sein!«* Gleichzeitig aber appelliert er an die Runde zum Weitermachen: *»Da lässt sich sicher noch mehr draus machen – was lässt sich denn aus den bisherigen Ideen noch ableiten?«* oder er schlägt ein Ziel vor: *»Ich könnte mir vorstellen, dass wir gemeinsam diesen Aspekt noch von einer anderen Seite beleuchten – das müsste doch zu schaffen sein!«*

5.2 Von Ideen zu Aktivitäten

Das Ergebnis eines Brainstormings ist zunächst eine Sammlung oft recht unterschiedlicher und teilweise sehr allgemeiner Ansätze von Lösungsideen – noch weit entfernt von dem, was letztlich als Ergebnis angestrebt werden muss: nämlich eine konkrete, nachvollziehbare und sinnvolle Aktivität oder Maßnahme. Die nächste Herausforderung liegt also nun darin, die Ideen zu strukturieren und unter der Fragestellung zu betrachten, welche am besten geeignet sind, die vorgegebenen oder vereinbarten Ziele zu erreichen.

Ideen strukturieren und bewerten

Das gemeinsame Verständnis der Ideen sicherstellen

Als erstes muss erreicht werden, dass die im Brainstorming gesammelten Ideen hinreichend verständlich sind. Nachdem ein Brainstorming eher eine Sammlung von spontan zugerufenen Schlagworten ist, besteht sonst die Gefahr von Missverständnissen und Fehlinterpretationen. Die nächste Aufgabenstellung ist also das zügige Konkretisieren der Stichworte – sodass alle Beteiligten ein ausreichend gleiches Verständnis der Ideen haben. Was hinter einer Idee steckt, kann natürlich letztlich nur der Lieferant der Idee wissen und erklären.

Konkretisieren der Stichworte

Deshalb ist hier wieder die Stärke des Coaches seine grundlegend fragende Haltung: Er ist interessiert daran zu erfahren, was sich der Mitarbeiter bei einer Lösungsidee gedacht hat und welche brauchbaren Ansätze darin enthalten sind. Fragen statt interpretieren ist seine Maxime.

Der Coach fragt statt zu interpretieren

Der Vorgesetzte in der Rolle der Führungskraft geht eher mit der Annahme an diesen Schritt heran, dass er schon weitgehend weiß, was sich die Mitarbeiter gedacht haben; deshalb wird er – wenn er in eine fragende Haltung geht – dies eher oberflächlich oder nur bedingt interessiert tun. Seine Fragen haben dabei oft einen eher kritischen Unterton: »*Wer ist denn eigentlich auf diese Idee gekommen – das hatten wir doch schon mal!? Was haben Sie sich denn dabei gedacht?*« Und schon wird Energie in die falsche Richtung gelenkt: Statt gemeinsam einen Konsens anzustreben, entstehen Diskussionen über die Frage, ob Ideen gut sind oder nicht, anstatt sich darauf zu konzentrieren, gemeinsam den positiven Ansatz in den Lösungsansätzen zu definieren.

Für manche Führungskräfte ist mit dem Brainstorming auch das notwendige Maß an Einbeziehung der Mitarbeiter erfüllt. Sie nehmen die Ergebnisse an sich und versprechen, sich darum zu kümmern und eine Maßnahmenplanung daraus abzuleiten. Dabei geht die Führungskraft von der Annahme aus, dass die Mitarbeiter entweder damit überfordert wären oder von der Befürchtung, dass die von den Mitarbeitern entwickelten Maßnahmen nicht ausreichend ambitioniert sein könnten, um die ihnen gesteckten Ziele damit auch wirklich erreichen zu können.

Der Coach sieht in einem Brainstorming eine hervorragende Gelegenheit, das kreative Potenzial der Mitarbeiter zu wecken und zu fördern und ihnen eine Gelegenheit zu bieten, ihre Problemlösungskompetenz zu professionalisieren.

Die Ideen strukturieren und bewerten

Um eine Idee als gut oder schlecht bewerten zu können, sind Bewertungskriterien unerlässlich. Als erste Frage stellt sich

Wer legt die Bewertungskriterien fest?

hier, wer die Bewertungskriterien festlegt. Manchmal sind die Kriterien auch verbindlich durch das Unternehmen festgelegt – sei es durch kostenmäßige Begrenzungen in Form von Budgets, die nicht überschritten werden dürfen – sei es in einer klaren strategischen Ausrichtung, die definitiv vorgibt, welche Lösungswege zulässig sind und welche nicht beschritten werden dürfen. Solche Limitierungen sollten zwar im Brainstorming schon bekannt sein oder zumindest nicht vollkommen ignoriert werden. Andererseits ist es ja gerade für die Qualität der zu entwickelnden Problemlösungen im Brainstorming wichtig, dass die Kreativität möglichst wenig durch Restriktionen gebremst wird. Insofern kann es durchaus sein, dass einige Ideen in der Bewertungsphase von vornherein »durchs Raster fallen«.

Wie sind nun in dieser Phase die Unterschiede im Vorgehen zwischen Führungskraft und Coach?

Die Führungskraft setzt die Bewertungskriterien selber

Die FÜHRUNGSKRAFT hat sich schon frühzeitig Gedanken über die Bewertungskriterien gemacht und dabei auch darauf geachtet, dass keine Trends und Richtungen entstehen können, die sich außerhalb der Bandbreite an Lösungen bewegen, die sie selbst für sinnvoll und zielführend hält. Im extremen Fall wird die Führungskraft auch eine abschließende Bewertung vornehmen, ohne ausreichende Transparenz über die Kriterien herzustellen und verkünden, welche Ideen in welcher Form weiterverfolgt werden sollen.

Der Coach differenziert nach den gegebenen Freiräumen und nach der Qualifikation und Motivation der Mitarbeiter

Der COACH differenziert nach den gegebenen Freiräumen und nach der Qualifikation und Motivation der Mitarbeiter. Sind die Rahmenbedingungen entsprechend großzügig, sieht er die Chance für die Akzeptanz der Bewertung von Ideen darin, dass die Mitarbeiter auch beim Sammeln der Bewertungskriterien mitwirken können. *»Nach welchen Kriterien können wir die Vorschläge strukturieren und bewerten«* könnte seine Ausgangsfrage sein, mit der er sich gemeinsam mit dem Problemlösungsteam auf die relevanten Kriterien einigt.

Wenn dagegen entsprechende Freiräume nicht gegeben sind, wird er über die anzulegenden Entscheidungskriterien keine unnötigen Diskussionen zulassen und für eine zügige Strukturierung der Ideen und Auswahl der geeigneten Maßnahmen sorgen und sein Hauptaugenmerk anschließend auf die Bereitschaft und Fähigkeit der Mitarbeiter zur Umsetzung der Maßnahmenplanung richten.

5.3 Was konkret ist zu tun? – Die Maßnahmenplanung

verbindliche und nachprüfbare Aktivitäten formulieren

Während es in der Phase des Sammelns von Lösungsideen in erster Linie um die Frage geht, was alles getan werden könnte, um ein Ziel zu erreichen, muss es nun darum gehen, so konkret und nachvollziehbar wie möglich verbindliche und nachprüfbare Aktivitäten zu formulieren.

Das bekannte 6-W-Schema der Delegation bietet hier die nötige Strukturhilfe:

- Wer macht
- was mit
- wem bis
- wann in
- welcher Qualität mit
- welchem Ziel?

Erst, wenn der Mitarbeiter bewusst zugestimmt hat, ist eine Vereinbarung zustande gekommen

Erst wenn diese Fragen klar und unmissverständlich beantwortet sind, ist eine Aktivität hinreichend genau formuliert. Und erst, wenn der Mitarbeiter bewusst zugestimmt hat, ist eine Vereinbarung zustande gekommen, deren Einhaltung zu einem späteren Zeitpunkt – spätestens in Bezug auf den im Rahmen der Zielvereinbarung fixierten Endtermin – im Coachingprozess reflektiert werden muss.

Obwohl dies ein letztlich einfaches, leicht verständliches und grundsätzlich auch bekanntes Schema ist, liegt hier oft ein Kernproblem in Unternehmen: Erschreckend häufig erlebe ich als Berater selbst Situationen, in denen nach langen und intensiven Problemlösungsgesprächen diese entscheidenden sechs Punkte eben nicht konkret geklärt sind. Zu oft wird Konsens vorausgesetzt und ein Gespräch mit der rhetorischen Frage *»Alles klar?«* beendet.

Unklarheiten können auf verschiedenen Ebenen entstehen

Schwierig wird es, wenn eben nicht »alles klar« war. Unklarheiten können auf verschiedenen Ebenen entstehen:

- inhaltliche Unklarheiten und Missverständnisse (Was ganz konkret ist das Ergebnis bzw. die abgesprochene Aktivität?),
- Unsicherheiten in Bezug auf die eigenen Fähigkeiten, das Vereinbarte auch umsetzen zu können,
- Unklarheiten hinsichtlich der möglichen Vorgehensweise bei der Umsetzung.

Auch die Kernaufgabe, Maßnahmen zu planen, wird von Vorgesetzten unterschiedlich angegangen.

Die FÜHRUNGSKRAFT weiß recht genau, was zu tun ist. Deshalb wird sie bei der Festlegung von Aktivitäten und Maßnahmen von vornherein eher die Richtung vorgeben und in der Formulierung und Konkretisierung eine bestimmende Grundhaltung einnehmen. Zögern oder Widerstände der Mitarbeiter wird die Führungskraft eher übersehen oder – wenn sie wahrgenommen werden – ungeduldig vom Tisch wischen. Warum noch lange diskutieren, wenn doch alles klar ist? Außerdem kann man doch nicht auf jedes Zögern eingehen; die Mitarbeiter sollen sich nicht so »anstellen«, sondern einfach das umsetzen, was besprochen ist.

Dem COACH ist es wichtig, dass die besprochenen Aktivitäten auf einer tragfähigen Basis zustande gekommen sind. Ihm ist bewusst, dass dieser Schritt in einem Problemlösungsprozess zugleich der letzte und damit entscheidende Schritt in die konkrete Umsetzung ist, denn nur wirklich akzeptierte und realisierbare Aktivitäten werden vom Mitarbeiter erfolgreich und effektiv umgesetzt. Diese notwendige Akzeptanz und Identifikation erreicht er unter anderem dadurch, dass er den Mitarbeiter konsequent dazu bewegt, selbst die Aktivitäten zu skizzieren und zu formulieren. Bei der Auswahl aus mehreren Möglichkeiten wird er durch die richtigen Fragen Unterstützung leisten, wenn es notwendig ist, wie zum Beispiel *»Welchen Unterschied in der Wirkung haben die beiden Möglichkeiten?«* oder *»Welche Variante wird am nachhaltigsten durch unsere Marketingaktivitäten unterstützt?«*

Nur wirklich akzeptierte und realisierbare Aktivitäten werden vom Mitarbeiter effektiv umgesetzt

Wenn der Mitarbeiter die Aktivitäten definiert hat, sichert der Coach den Transfer dadurch ab, dass er konsequent darauf achtet, dass der Mitarbeiter für die Umsetzung die notwendigen fachlichen Voraussetzungen hat oder sich so zeitnah aneignen kann, dass die Realisierung gesichert bleibt. Mit einer offenen Frage wie beispielsweise *»Wie intensiv haben Sie sich bisher schon mit dieser Materie befasst?«* oder *»Wie weit sind Sie sich fachlich in dieser neuen Thematik bereits sicher?«* analysiert er die Ausgangsbasis.

Mit etwa der Frage *»Wie wollen Sie sicherstellen, dass Sie Ihre Fachkenntnisse schnell genug abrunden?«* klärt er, ob der Mitarbeiter die potenziellen Probleme in der Umsetzung bereits erkannt und schon entsprechende Lösungen parat hat.

Wenn der Mitarbeiter zwar die fachlichen Voraussetzungen, aber in der Umsetzung noch nicht viel Erfahrungen hat, wird der Coach hierauf sein Augenmerk legen: *»Wie weit trauen Sie sich zu, die neuen Kenntnisse aus dem Seminar in die Praxis zu transferieren?«* oder *»Was werden Sie tun, wenn in der Umsetzung Schwierigkeiten auftreten, zu denen es im Seminar keine Lösungsvorschläge gegeben hatte?«* Oder er bietet an *»Wenn in der Umsetzung Schwierigkeiten auftreten, die Sie und ich jetzt noch nicht erkennen können, biete ich an, dass wir uns noch einmal zusammensetzen, um die Umsetzung nicht zu gefährden – was halten Sie davon?«*

Auch wenn es bisher schon Tendenzen gegeben hat, dass der Mitarbeiter dazu neigt, sich zu viel vorzunehmen, macht der Coach deutlich, dass hier Risiken stecken könnten. *»Welche Erfahrung aus dem nicht so erfolgreich gelaufenen Projekt XYZ wird für dieses Vorhaben besonders wichtig sein?«* oder *»Haben Sie für sich ausreichende Klarheit, wie viel Sie sich wirklich zumuten können, ohne Ihre anderen Aufgaben zu gefährden?«*

CHECKLISTE »STRATEGIE«
für Ihre persönliche Standortbestimmung als Coach:

- ✔ Jeder Mitarbeiter ist sich seiner Kernaufgaben bewusst.
- ✔ Die Mitarbeiter haben auch einen Überblick über die Kernaufgaben der anderen Mitarbeiter.
- ✔ Die Mitarbeiter streben von sich aus nach permanenten Verbesserungen bzw. Optimierungen.
- ✔ Es gibt eine nachvollziehbare Aufgabenplanung für den gesamten Verantwortungsbereich.
- ✔ Die anforderungsgerechte Erledigung der Aufgaben ist gewährleistet.
- ✔ Die termingerechte Erledigung von Aufgaben ist sichergestellt.
- ✔ Die vorhandenen Ressourcen sind effektiv eingesetzt.
- ✔ Auch auftretende Engpasssituationen könnten bewältigt werden.

6 PROBLEME AUF DEM WEG ZUM ZIEL ERKENNEN UND LÖSEN

Eine gute Planung hat einerseits bekannte Problemfelder ausreichend berücksichtigt und andererseits darüber hinaus auch möglicherweise auftretende Probleme – potenzielle Probleme – hinreichend antizipiert und berücksichtigt. Aber auch die beste Planung kann nicht ausschließen, dass auf dem Weg zum Ziel Probleme auftreten, die nicht vorhergesehen wurden oder auch nicht vorgesehen werden konnten.

Gegner detaillierter Planung formulieren ihre Überzeugungen gerne in Zitaten wie *»Je genauer man plant, desto härter trifft der Zufall«* oder *»Die Planung ersetzt den Zufall durch den Irrtum«*.

Frühwarnsystem für auftretende Probleme sicherstellen

Die entscheidende Frage für den Vorgesetzten ist, wie er sicherstellt, dass

- auftretende Probleme schnell erkannt werden,
- daraus resultierender Handlungsbedarf erkannt und entweder
- die Strategie so modifiziert wird, dass die Zielerreichung gewährleistet bleibt oder
- die Ziele modifiziert oder geändert werden.

Die Gesamtverantwortung des Vorgesetzten bedingt, dass sichergestellt sein muss, dass Fehlentwicklungen zeitnah erkannt werden und dass frühzeitig bei Abweichungen gehandelt wird.

Für die FÜHRUNGSKRAFT bedeutet Sicherstellen in erster Linie, durch entsprechende planmäßige oder auch spontane Kontrollmechanismen oder aus regelmäßigen Statusberichten selbst erkennen zu müssen, wann sich Probleme abzeichnen oder wann Probleme offensichtlich eingetreten sind.

Der Coach setzt darauf, dass die Mitarbeiter Probleme erkennen

Der COACH dagegen wird unter der Prämisse des energiesparenden Führens dafür Sorge tragen, dass

- Mitarbeiter von sich aus auch die Bereitschaft haben, das Auftreten von Problemen in ihrem Verantwortungsbereich zu sehen,
- Mitarbeitern ausreichende Informationen zur Verfügung stehen, damit Abweichungen selbst erkannt werden können,
- Mitarbeiter die entsprechenden Kenntnisse und Fähigkeiten haben, um Probleme zu erkennen,

- Mitarbeiter über Problemsensibilität verfügen,
- Mitarbeiter ihre Problemlösungsfähigkeit kontinuierlich entwickeln, ausbauen und professionalisieren.

6.1 Der Problembesitz – Wer hat das Problem wirklich?

Wenn Probleme auftreten, stellt sich immer – zumindest unbewusst – die spannende Frage, wessen Problem das nun ist. Das heißt, wessen Verantwortung es ist, sich das Problem zu Eigen zu machen und es zu lösen.

Für jeden Vorgesetzten ist es hilfreich, wenn er sich bewusst macht, dass es grundsätzlich drei mögliche Konstellationen gibt, zwischen denen er sorgfältig unterscheiden sollte:

- Er selbst hat das Problem
- Der Mitarbeiter hat das Problem
- Beide oder mehrere haben das Problem

Praxisbeispiel:

Ein Vorgesetzter hat den Auftrag bekommen, dass kurzfristig eine wichtige Zusatzarbeit in seiner Abteilung erledigt werden muss. Es geht um die Raumplanung für einen Umzug eines Teils des Betriebes, der plötzlich wesentlich früher stattfinden soll als zunächst geplant, weil der bisherige Mieter der entsprechenden Räume das Objekt wider Erwarten früher frei macht.

Die Mitarbeiter in seiner Abteilung sind alle gut ausgelastet; teilweise werden sogar Arbeiten nicht termingerecht fertig. Der Mitarbeiter, der fachlich am ehesten für die Zusatzaufgabe infrage kommt, hat ebenfalls »den Schreibtisch voll«. Das liegt einerseits am Arbeitsvolumen, andererseits gibt es aber auch Wahrnehmungen, dass der Mitarbeiter seine Rückstände teilweise auch selbst dadurch verursacht, dass er überaus detailgenau arbeitet und insbesondere für Routinetätigkeiten mehr Zeit aufwendet, als es vom Ergebnis her gerechtfertigt wäre.

Der Vorgesetzte führt ein Gespräch mit dem Mitarbeiter, in dem er ihm die neue, zusätzliche Aufgabenstellung erläutert und die Notwendigkeit der knappen Terminplanung begründet.

Der Mitarbeiter reagiert wie erwartet: es sei absolut unmöglich, diese zusätzliche Aufgabe termingerecht zu erledigen, ohne andere Aufgaben zurückzustellen.

Wer hat das Problem?

An diesem Beispiel wird jetzt dargestellt, wie sich die oben genannten drei Kategorien voneinander unterscheiden, damit Sie für sich in Problemsituationen jeweils eine klare Antwort auf die Frage: »Wessen Problem ist das nun?« finden können.

- Es ist ein Problem des Vorgesetzten, wenn der Mitarbeiter zu dieser Aufgabe absolut nicht in der Lage wäre, seinen Arbeitsbereich so zu organisieren, dass die zusätzliche Aufgabe erfüllt wird, ohne dass anderweitige Risiken entstehen. Das heißt, wenn er nicht selbst erkennen kann, durch welche Maßnahmen er sicherstellen könnte, die neue Aufgabe zu bewältigen, ohne dass bei anderen Aufgaben neue Probleme – beispielsweise durch Terminüberschreitungen – entstehen würden.
- Es ist ein Problem des Mitarbeiters, wenn er entweder kompetent genug ist, in Bezug auf seinen Arbeitsplatz zu entscheiden, wodurch er die Erledigung der Zusatzaufgabe sicherstellen kann und wenn es ihm bewusst ist, dass ein Teil des momentan noch nicht abgearbeiteten Arbeitsvolumens auch dadurch bedingt ist, dass er in Detailfragen zu hohe Genauigkeit praktiziert und er deshalb teilweise zu viel Zeit aufwendet.
- Es ist ein gemeinsames Problem, wenn Veränderungen in der Reihenfolge und in der Qualität der Bearbeitung zu Konsequenzen führen, die der Mitarbeiter nicht selbst absehen oder verantworten kann, sondern in diesem Fall eine Entscheidung des Vorgesetzten zwingend notwendig machen. Beispielsweise, wenn er Aufgaben an Kollegen im Team abgeben müsste, die einen anderen Verantwortungsbereich haben.

  Es ist ebenfalls ein gemeinsames Problem, wenn der Mitarbeiter noch nicht erkannt hat, dass seine Arbeitssituation auch teilweise durch sein Arbeitsverhalten – sprich die zu hohe Genauigkeit in Detailfragen – bedingt ist und/oder er keine Möglichkeiten sieht, Abstriche am Zeitaufwand für die Bearbeitung zu machen, obwohl es dafür objektiv genug Möglichkeiten gäbe.

Gerade die handlungsorientierten und pragmatischen Führungskräfte neigen bekanntlich dazu, sich Probleme zu Eigen zu machen, die letztlich gar nicht ihre Probleme sind oder ihre Probleme nicht sein müssten. Vom Selbstverständnis her ist die Problemlösung ihre ureigenste Aufgabe. Deshalb fallen aus der Sicht dieser Führungskräfte die meisten von Mitarbeitern angesprochenen Probleme, die meisten von ihnen selbst wahrgenommenen Probleme und die meisten Probleme, auf die sie wiederum von ihrem Vorgesetzten oder von Kunden und Geschäftspartnern angesprochen werden, in den Bereich: *»Ich als Führungskraft habe ein Problem – es ist mein Problem«*. Deshalb lösen sie es selber und entbinden den Mitarbeiter damit davon, sich des Problems selbst anzunehmen und es zu lösen oder zumindest an dessen Lösung durch konkrete Vorschläge maßgeblich beteiligt zu sein.

Viele Führungskräfte machen sich Pobleme zu Eigen, die gar nicht ihre sind

Genauso gibt es jedoch auch die Situation, dass die Führungskräfte mangels Sensibilität nicht wahrnehmen, wenn Mitarbeiter Probleme haben oder aber dies zwar wahrnehmen, aber aufgrund ihrer eigenen »Da-muss-man-eben-durch-Mentalität« Unterstützung verweigern.

Anders der Coach: Er legt sich nicht vorschnell fest, lässt zunächst offen, wo der Problembesitz liegt und wer für die Lösung zuständig und verantwortlich ist.

Der Coach zieht sich nicht jedes Problem an

Er klärt nach dem vorstehenden Schema gezielt, ob es sich um ein Problem handelt, das

1. der Mitarbeiter aufgrund seiner aktuellen Fähigkeiten und seiner kurzfristig selbst aktivierbaren Potenziale lösen kann,
2. er lösen könnte, wenn er durch gezielte Unterstützung vorhandene und kurzfristig realisierbare Potenziale weiterentwickelt oder für das
3. er mit aktiver Unterstützung des Coaches in einem längerfristigen Prozess Lösungskompetenz entwickeln könnte.

In der ersten Konstellation handelt es sich um ein Mitarbeiterproblem; der Vorgesetzte muss lediglich einen klaren Auftrag erteilen bzw. die Aufgabe delegieren.

Die Konstellationen 2 und 3 rechtfertigen Ansätze für Coaching bzw. für einen Coachingprozess. In der Konstellation 2 wird es sich eher um einen kurzfristigen Prozess mit punktueller Unterstützung handeln, während die Konstellation 3 auf einen längeren und intensiveren Coachingprozess hindeutet.

Nur wenn keine dieser Alternativen zutrifft oder aber unmittelbarer Handlungsdruck einen längerfristigen Coachingprozess ausschließt, hat der Coach ein eigenes Problem, um dessen Lösung er sich dann persönlich kümmern wird.

ZURÜCK ZUM PRAXISBEISPIEL:

Der Mitarbeiter ist befähigt oder kann sich helfen: Der Coach delegiert die Aufgabe

Wenn sich herausstellt, dass der Mitarbeiter genau weiß, welche Arbeiten er ohne Risiko zurückstellen kann, wenn er darüber hinaus auch von Kollegen Unterstützung bekommt, weil es in dem Team üblich ist sich gegenseitig zu helfen, wenn Not am Mann ist, wenn er für die Lösung der neuen Aufgaben ebenfalls das notwendige Know-how hat oder weiß, wie er es sich kurzfristig beschaffen kann, dann kann der Vorgesetzte von der Situation 1 ausgehen. Der Coach wird also, sobald das geklärt und vom Mitarbeiter akzeptiert ist, dem Mitarbeiter den Auftrag geben, das Problem zu lösen und die Aufgabe an ihn mit klar definierten Anforderungen in Bezug auf Qualität, Zeitvorstellung etc. delegieren. Er wird dem Mitarbeiter vorsorglich auch das Angebot machen, bei auftretenden weiteren Schwierigkeiten bei Bedarf ansprechbar zu sein. Sollte dann wirklich noch ein weiteres Problem während der Bearbeitung auftreten, würde der oben beschriebene Ablauf des Analyseprozesses wiederum eintreten.

Der Mitarbeiter muss kurzfristig noch Potenziale entwickeln: Der Coach sucht im Konsens mit dem Mitarbeiter nach Möglichkeiten dies zu tun

Wenn sich herausstellt, dass der Mitarbeiter für die neue Aufgabe die Lösungskompetenz hat, Prioritätenraster kennt, aber sich noch schwer tut, klare Prioritäten für seine unterschiedlichen Aufgaben festzulegen und ihm darüber hinaus auch bewusst ist, dass er dazu neigt, Routineaufgaben mit zu hoher Genauigkeit und deshalb mit zu hohem Zeitaufwand zu bewerkstelligen, ist es ein Problem, zu dessen Lösung der Mitarbeiter kurzfristig noch Potenziale entwickeln muss und kann.

Der Coach wird im Rahmen eines Coachinggesprächs mit dem Mitarbeiter daher gemeinsam einen Konsens suchen, wie er diese Potenziale entwickeln und in einem adäquaten Zeitraum auch wirklich realisieren kann.

Wenn sich herausstellt, dass der Mitarbeiter sehr wenig Know-how in Bezug auf das Priorisieren von Aufgaben hat und ihm auch nur ansatzweise bewusst ist, dass er dazu neigt, sich durch zu hohe Detailgenauigkeit selbst die Zeit zu stehlen, liegt die Situation 3 vor.

Potenziale sind zwar erkennbar, können aber erst längerfristig entwickelt werden: Der Coach unterstützt den Mitarbeier entsprechend

Die Potenziale sind zwar erkennbar, können aber erst längerfristig entwickelt werden – beispielsweise, weil andere fachliche, methodische oder persönliche Entwicklungsziele höhere Priorität haben und vorrangig erreicht werden müssen. Der Coach wird mit dem Mitarbeiter zunächst über die längerfristige Entwicklung seiner Kompetenzen einen Konsens herstellen. Seine Unterstützung wird dann umfassender und aktiver sein und so schon die Grundlagen für die spätere Entwicklung konkreter Fähigkeiten legen. Er wird darauf achten, dass der Mitarbeiter so weit wie möglich seine eigene Lösungskompetenz entwickelt und seine Unterstützung im engeren Sinne zunächst auf die Begleitung zur Problemlösung beschränken und darüber hinaus die Unterstützung anbieten, die der Mitarbeiter unbedingt noch benötigt.

Wenn bei dem Mitarbeiter jedoch wirklich davon auszugehen wäre, dass er keine eigene Entscheidung über die Prioritäten treffen kann und dass er auch aufgrund seiner Persönlichkeit bzw. seines immer wieder beobachteten Verhaltens seine Arbeitsmethodik nicht von sich aus verändern wird, hat der Vorgesetzte ein Problem, das in diesem Fall auch nicht mit einem Coachingansatz zu lösen wäre.

Der Mitarbeiter hat keine Möglichkeit sein Arbeitsverhalten zu ändern: Der Coach übernimmt selber oder delegiert an geeigneteren Mitarbeiter

Die Lösungsansätze für den Vorgesetzten entsprechen diesmal dem Ansatz des kooperativen Führens in der Variante der gezielten Lenkung – es sei denn, der Vorgesetzte würde die Aufgabe selbst übernehmen, ohne sich vorher Freiräume durch Delegation anderer Aufgaben an die Mitarbeiter zu verschaffen. Kann der Vorgesetzte die Aufgabe nur dann selbst ausführen, wenn er dafür andere – einfachere oder bekannte Aufgaben an seine Mitarbeiter delegiert, wird er die entsprechenden Aufträge erteilen und darüber hinaus mit den Mitarbeitern deren Arbeitssituation besprechen und durch entsprechende Hinweise – gerade bei dem beschriebenen Mitarbeiter – sicherstellen, dass die sonstigen Aufgaben termingerecht in der notwendigen Qualität erfüllt werden.

CHECKLISTE »PROBLEMSENSIBILITÄT«
für Ihre persönliche Standortbestimmung als Coach:

- ✔ Ich nehme frühzeitig wahr, wenn Probleme auftreten.
- ✔ Ich lasse mir in Problemsituationen zunächst schildern, was die Schwierigkeit des Mitarbeiters ist.
- ✔ Ich kläre im Gespräch, inwieweit der Mitarbeiter eigene Lösungsideen hat.
- ✔ Ich konzentriere mich darauf, die Lösungskompetenz meiner Mitarbeiter zu verstärken.
- ✔ Diese Unterstützung beschränkt sich darauf, die aufgabenbezogene Entwicklung der Mitarbeiter zu stärken.
- ✔ Ich gebe rechtzeitig Feedback, wenn ein Mitarbeiter ein Problem hat und nicht für eine Klärung sorgt.

7 ENTSCHEIDUNGEN TREFFEN

Entscheidungsfähigkeit als Kernkompetenz

Spannungsfeld von Verantwortungsdelegation und Gesamtverantwortung

Entscheidungsfähigkeit und Entscheidungsstärke zählen zu den vielfach genannten Kernkompetenzen von Führungskräften. Aber auch zu den Bereichen, in denen Vorgesetzte sich in einem permanenten Spannungsfeld befinden. Einerseits sollen sie möglichst viel an Entscheidungsbefugnissen an ihre Mitarbeiter delegieren und in einmal delegierte Verantwortungsbereiche und vor allem in getroffene Einzelentscheidungen nicht »hineinregieren« – andererseits tragen sie auch für alle Entscheidungen, die ihre Mitarbeiter getroffen haben, wiederum die Gesamtverantwortung – diese ist nicht delegierbar.

Insofern wird die Frage, an welchen Mitarbeiter welche Aufgabe delegiert werden kann, zu einer Schlüsselfrage für den Erfolg des Vorgesetzten und für die Zielerreichung in seinem gesamten Verantwortungsbereich werden.

In Entscheidungssituationen vorbildhaft agieren

Das Verhalten von Führungskräften hat immer eine Signalwirkung auf die Mitarbeiter – diese gewollte oder ungewollte Vorbildfunktion fordert natürlich auch, dass die Art und

Weise, in der Führungskräfte Entscheidungen treffen, wirklich positiv beispielgebend ist. Dies gilt insbesondere dann, wenn Mitarbeiter eine Entscheidung vom Vorgesetzten einfordern, weil dann natürlich das Verhalten in der Entscheidungssituation direkt wahrnehmbar und bewertbar ist.

Das Verhalten von Führungskräften hat immer eine Signalwirkung auf die Mitarbeiter

Schon die Art und Weise wie Sie Entscheidungen treffen, prägt den Umgang Ihrer Mitarbeiter mit Entscheidungssituationen und deren Bild des idealen Vorgesetzten.

7.1 Unterschiedliche Ansätze für Entscheidungen

Schnelle Entscheidungen im Tagesgeschäft auf der Basis von Erfahrungen

Einen Teil solcher Entscheidungen treffen Sie als Vorgesetzter auf der Basis Ihrer Erfahrungen in vergleichbaren Situationen bzw. Fragestellungen. Hier wird es in erster Linie um Entscheidungen im Tagesgeschäft oder in Routinefragen gehen, bei denen Schnelligkeit wichtig ist und bei denen die Konsequenzen aus einer Fehlentscheidung sich in engen oder zumindest kalkulierbaren Grenzen halten.

Beispiele

- *Ein Kunde verlangt eine Sonderkondition, die die Entscheidungsbefugnis Ihres Mitarbeiters übersteigt.*
- *Bei einem Budget zeichnet sich eine geringfügige Überschreitung ab, über die Sie entscheiden, weil der Mitarbeiter keine Kompetenz dazu hat.*
- *Ein neuer Kunde reklamiert einerseits eine Lieferung und stellt andererseits kurzfristige Folgegeschäfte in Aussicht. Sie akzeptieren die Reklamation.*
- *Ihr Mitarbeiter ist sich bei der Preisfindung für ein Angebot nicht sicher, wie weit er gehen soll, weil er die aktuellen Konditionen der Mitbewerber nicht kennt.*
- *Der an sich zuständige Vorgesetzte ist für längere Zeit nicht erreichbar – eine Entscheidung muss aber sofort getroffen werden.*

In solchen Situationen kommt es in erster Linie auf Schnelligkeit, Sicherheit und Nachvollziehbarkeit an: Sicherheit in der Entscheidungssituation erreichen Sie dadurch, dass Sie Ihre

Je mehr Informationen, desto sicherer ist die Entscheidung

Mitarbeiter dazu bringen, Ihnen die für die Entscheidung wichtigen Informationen schon beim ersten Mal vorzutragen bzw. vorzulegen.

Auch hier unterscheidet sich die Vorgehensweise der Führungskraft von der des Coaches. Der Coach achtet darauf, dass er in Bezug auf die Anforderungen an die zu liefernden Informationen hinsichtlich Inhalt, Detaillierungsgrad, Aufbereitung etc. berechenbar bleibt. Der Mitarbeiter kann darauf vertrauen, dass sich die Anforderungen an die Aufbereitung nicht ohne Grund ändern. Nur selten muss er für eine Entscheidung des Coaches ein weiteres Mal noch weitergehende Informationen vorlegen. Er erhält Entscheidungen schnell; die Entscheidungen sind begründet und die Begründungen sind verständlich und nachvollziehbar.

PRAXISBEISPIEL:

Der Vorstand einer Sparkasse war bei den Mitarbeitern der Kreditabteilung berüchtigt: Als die Sparkasse aus geschäftspolitischen Gründen die Notwendigkeit sah, in der Kreditvergabe etwas restriktiver vorzugehen, reagierte dieser Vorstand völlig überzogen. Zum einen verlangte er immer wieder spontan mehr und detailliertere Unterlagen, bevor er Entscheidungen treffen wollte und verursachte dadurch zunächst einen erheblich erhöhten Arbeitsaufwand. Zum anderen bekamen die Entscheidungsfälle immer höhere Durchlaufzeiten, weil er durch seine überzogene restriktive Vorgehensweise auch immer zögerlicher in seinen Entscheidungen wurde. Mittelfristig ergab sich hierdurch ein hohes Unzufriedenheitspotenzial bei den Mitarbeitern der Kreditabteilung. Zu dem erhöhten Arbeitsaufwand kam auch noch die hemmende Wirkung der nachlassenden Motivation: Gespräche über die negative Situation, in denen Ärger und Unzufriedenheit artikuliert wurden, kosteten zunehmend Zeit. Ein weiteres Beispiel für Energieverschwendung – diesmal durch ungünstiges Entscheidungsverhalten einer Führungskraft.

Gründlich zu überlegende strategische Entscheidungen mit erheblicher Tragweite

Ein weiterer Teil an Entscheidungen muss gründlich überlegt, fundiert und sorgfältig abgesichert sein, weil die Tragweite erheblich ist und die Konsequenzen aus einer Fehlentscheidung gravierend wären. Bei diesen Entscheidungssituationen handelt es sich beispielsweise um strategische Entscheidungen im Rahmen neuer und ambitionierter Zielsetzungen, um Entscheidungen, die in einer komplexen Situation mit vielen Unwägbarkeiten zu treffen sind.

strategische Entscheidungen im Rahmen neuer und ambitionierter Zielsetzungen

BEISPIELE:

- *Ein großer Kunde verhandelt über den Preis für eine Abnahmemenge, durch die Ihr Unternehmen zum Hauptlieferanten würde.*
- *Beim Budget für ein wichtiges Projekt zeichnet sich eine deutliche Überschreitung ab – eine Verzögerung des Projekts könnte wichtige geschäftliche Zielsetzungen infrage stellen.*
- *Ein Mitarbeiter möchte mit einem Kampfpreis einen umfangreichen Prestigeauftrag an Land ziehen.*
- *Die Entwicklung eines neuen Produkts ist durch den Ausfall eines Zulieferers gefährdet.*

Auch in solchen Entscheidungssituationen können Sie als COACH agieren. Während die Führungskraft hier eher eine »einsame Entscheidung« treffen wird, sieht der Coach die Gelegenheit, das Entscheidungsverhalten der Mitarbeiter zu fördern, indem er sie mit einbezieht. Es liegt natürlich auf der Hand, dass er die Mitarbeiter, die selbst in eine solche Entscheidung eingebunden sind, insofern mit einbezieht, dass er sie die Entscheidung schon so weit vorbereiten lässt, dass sie einen konkreten und begründeten Vorschlag machen können. Dies natürlich wieder mit nachvollziehbaren Entscheidungskriterien.

Auch im Rahmen komplexer Entscheidungen fördert der Coach das Entscheidungsverhalten der Mitarbeiter

Wenn die Entscheidungssituation direkt bei Ihnen als Coach anfällt, ohne dass im Vorfeld schon Mitarbeiter mit eingebunden waren – beispielsweise durch einen Kunden initiiert, den Sie ausschließlich selbst betreuen – bietet sich damit die Gelegenheit, für ein situatives Coaching einzelner Mitarbeiter. Sie schildern einem Mitarbeiter die Situation und fragen ihn, wie er entscheiden und welche Informationen er noch für eine Entscheidung heranziehen würde. Darüber hinaus können Sie mit dem Mitarbeiter gemeinsam auch der Frage nachgehen, wie sich die Entscheidung vermutlich mit-

situatives Coaching einzelner Mitarbeiter

telfristig auswirken wird. Dadurch erhalten Sie Aufschluss über die Fähigkeiten des Mitarbeiters in der Richtung zukunftsorientiertes Denken und Handeln. Gleichzeitig unterstützen Sie ihn im Entwickeln dieser Fähigkeit. Wichtig ist jedoch, dass Sie für Transparenz und Klarheit sorgen und Ihre eigene Meinung klar äußern. Das heißt natürlich auch, den Mut zu einer abweichenden Entscheidung zu haben und diese Entscheidung auch zu vertreten.

Intuitive Entscheidungen ohne Erfahrungswerte oder relevante Entscheidungskriterien

»Bauch-Entscheidung«

Schließlich gibt es noch die Entscheidungen, zu denen weder ausreichende Erfahrungswerte noch ausreichende relevante Entscheidungskriterien vorliegen und bei denen eine intuitive oder eine »Bauch-Entscheidung« gefordert ist – eine Entscheidungssituation, die aufgrund fehlender Daten, Fakten und Erfahrungswerte stark von Intuition geprägt sein wird.

BEISPIELE:

- *Ein Mitarbeiter möchte ein O.K. zu einer Mailingaktion, die er zwar im Rahmen des Corporate Design entworfen hat, sich aber ansonsten deutlich von bisherigen Konzepten unterscheidet.*
- *Mitarbeiter schlagen ein neues Kundenbetreuungskonzept vor, nach dem die aktive Betreuung teilweise erheblich reduziert werden sollte.*
- *Ein Mitarbeiter legt eine Konzeptidee vor, Produkte über das internet zu verkaufen.*

Auch in solchen Entscheidungssituationen unterscheiden sich die Vorgehensweisen von Führungskraft und Coach merklich. Die Führungskraft vom Typ »Macher« wird eine schnelle Entscheidung treffen – pro oder kontra – ohne die Mitarbeiter weiter an der Entscheidung zu beteiligen und ohne sich lange über die Gründe für seine Entscheidung aufzuhalten.

Die Führungskraft mit einer eher kritischen Grundeinstellung wird sich in erster Linie mit den Risiken und negativen Aspekten der Entscheidungssituation befassen. Sie wird ihre Energie darauf richten, das »Haar in der Suppe zu finden«, die Qualität der Vorschläge der Mitarbeiter anzweifeln und die Realisierbarkeit widerlegen. Ihre Entscheidung in Bezug auf neue und innovative Ideen wird eher negativ ausfallen; sie ist auch nicht ohne weiteres bereit, die Gründe für eine Ablehnung offen zu legen. Ein solches Entscheidungsverhalten hat natürlich auch längerfristige Wirkung: Die Mitarbeiter werden künftig ähnliche Situationen eher vermeiden wollen und solche Ideen gar nicht erst entwickeln oder zur Entscheidung vorlegen.

Per saldo wieder Energieverschwendung: Die Mitarbeiter haben Energie in Verbesserungsvorschläge investiert – die Führungskraft hat Energie investiert, um die Vorschläge wieder vom Tisch zu bekommen.

Als Coach werden Sie sich in derartigen Situationen auf die Chancen konzentrieren

Als Coach werden Sie sich in derartigen Situationen vorzugsweise auf die Chancen konzentrieren und die von den Mitarbeitern bewiesene Kernkompetenz der Kreativität herausstellen und anerkennen. Weil Kreativität nur dann wirklich erfolgreich ist, wenn sie in ein klares und eindeutiges Konzept mündet und dieses Konzept auch überzeugend vertreten wird, können Sie als Coach die Entwicklung Ihrer Mitarbeiter in dieser Kompetenz hervorragend initiieren und begleiten.

Lassen Sie die Mitarbeiter ihre Vorschläge vortragen und achten dabei darauf, wie überzeugend der Vortrag ausfällt. Ist die Idee gut aber der Vortrag schlecht, geben Sie dem Mitarbeiter dazu ein klares Feedback mit dem Angebot, ihn hierbei gezielt zu unterstützen. Das können Sie natürlich auch gleich gewissermaßen »on the job« tun, indem Sie ad hoc auf den Vortrag mit kritischen Fragen reagieren und so die Sicherheit Ihrer Mitarbeiter »austesten«. Mit einem begründeten Feedback lösen Sie anschließend die Situation auf. So haben Sie als Coach Ihren Mitarbeiter in der Entwicklung wichtiger Kompetenzen unterstützt.

Den Abschluss bildet eine Vereinbarung, wie der Mitarbeiter sicherstellen wird, dass er seine Überzeugungsfähigkeit weiter ausbaut. So ist die Energie an der richtigen Stelle zum Einsatz gekommen: durch die Interventionen des Coaches hat der Mitarbeiter selbst gelernt, sich weiter zu entwickeln. Er hat gelernt, dass Ideen nur dann realisiert werden, wenn er sie angemessen vertreten kann und wird deshalb künftig von vornherein darauf achten.

7.2 Entscheidungssituationen als genereller Ansatzpunkt für Coaching

Delegation der Entscheidungsvorbereitung an den Mitarbeiter

Viele Entscheidungssituationen geben Ihnen als Coach auch eine Gelegenheit, durch die Delegation der Entscheidungsvorbereitung an den Mitarbeiter seine Einstellungen, Fähigkeiten und sein Verhalten zu prüfen. So können Sie Hinweise darauf erhalten, ob es sinnvoll ist, entweder ein spontanes Coaching durchzuführen oder aufgrund Ihrer Wahrnehmungen Ansätze und Thematiken für die weitere Entwicklung des Mitarbeiters und für künftige Coachinggespräche zu suchen.

Entwicklungsbedarf analysieren und konkretisieren

Nehmen Sie als Coach die folgenden Fragen als Raster, um Entwicklungsbedarf zu analysieren und zu konkretisieren.

Prüfen Sie, ob der Mitarbeiter
- die für eine Entscheidung relevanten Informationen berücksichtigt hat,
- diese Informationen richtig ausgewertet und objektiv bewertet hat,
- die Informationen übersichtlich und entscheidungsreif aufbereitet hat,
- sich eine eigene begründete Meinung gebildet hat,
- seine Meinung sicher äußert und begründet,
- Meinungsstärke demonstriert,
- Kritik konstruktiv aufnimmt und berücksichtigt.

»Management by Delegation« heißt nicht, die Mitarbeiter mit Routineaufgaben zu »überschütten«

Gerade dann, wenn Ihre Mitarbeiter in Entscheidungen stark einbezogen werden und immer wieder gefordert sind, Entscheidungen mit steigendem Schwierigkeitsgrad auch selbst zu treffen, werden Sie für sich nachhaltige Entlastungen erreichen. Für den Mitarbeiter entsteht so ein Motivationspotenzial. »Management by Delegation« heißt ja bekanntlich nicht, die Mitarbeiter mit Routineaufgaben zu »überschütten«, sondern heißt, sie dadurch zu fordern, dass Ihnen verantwortungsvolle Aufgaben übergeben werden, an denen sie sich weiterentwickeln können. Die Aufgabe des Coaches ist es, den Mitarbeiter dabei in dem Maße zu unterstützen, wie es notwendig und gewünscht ist.

So wird der Energieeinsatz optimiert: Nicht selbst noch mehr Entscheidungen schnell und sicher aber weitgehend selbst treffen, sondern dabei wirkungsvoll die Chancen zu nutzen, die das Delegieren von Verantwortung bietet.

7.3 Die Lebensdauer von Entscheidungen

Die heutige Situation der Unternehmen in einem komplexen und sich dynamisch verändernden Umfeld führt auch dazu, dass Entscheidungen manchmal nur eine kurze Lebensdauer haben. Während vor Jahren noch die Devise galt, dass »die Großen die Kleinen fressen« ist es heute so, dass die schnellen Unternehmen die langsamen überrunden. In dieser Situation nicht nur mithalten zu können, sondern die Nase auch deutlich vorn zu haben, bedingt zum einen die Fähigkeit, Entscheidungen schnell und sicher zu treffen zum anderen aber auch die Fähigkeit und die Bereitschaft, einmal getroffene Entscheidungen wieder zu ändern, wenn die Umstände es erforderlich machen.

Derartige Situationen bieten dem Coach wieder Ansätze, die Mitarbeiter und deren Entscheidungsverhalten weiter zu entwickeln. Minimalanforderung ist in diesen Fällen natürlich Transparenz über die Notwendigkeit einer Änderung herzustellen und eine nachvollziehbare Begründung für die geänderte Entscheidung und ggf. die Entscheidungskriterien zu geben und schnelle Information darüber an die betroffenen und beteiligten Mitarbeiter weiterzuleiten.

Die Mitarbeiter aktiv in die Entscheidung mit einbeziehen

Wenn Sie solche Situationen als Coachingansatz im engeren Sinne sehen und nutzen wollen, dann sollten Sie die Mitarbeiter aktiv in die Entscheidung mit einbeziehen. Beispielsweise den Mitarbeiter bitten, sich selbst eine Meinung zu bilden und zu begründen, wie er in dieser Situation entscheiden würde und welche Kriterien seiner Entscheidung zugrunde liegen.

Wenn die aus Mitarbeitersicht vorgeschlagene Entscheidung fehlerhaft ist, haben Sie eine Gelegenheit, im Sinne eines Feedback dem Mitarbeiter zu erläutern, warum Sie seine Entscheidung nicht übernehmen können und worauf er in solchen Situationen genau achten muss, um eine tragfähige Entscheidung vorzubereiten oder zu treffen.

7.4 Loyalität in Bezug auf unternehmerische Entscheidungen

Zur Funktion des Vorgesetzten gehört als Grundbedingung Loyalität gegenüber der Unternehmensleitung und natürlich gerade in Bezug auf Entscheidungen, die dort getroffen worden sind und bei den Vorgesetzten beginnend umgesetzt werden sollen.

Loyalität darf nicht mit blindem und kritiklosem Gehorsam verwechselt werden. Schließlich braucht die Leitung eines Unternehmens – gerade bei größeren Unternehmen – auch den konstruktiven Dialog mit der nächsten Ebene oder mit den nächsten Ebenen über geplante Aktivitäten, über vorgesehene Strategien oder über bereits getroffene Entscheidungen.

Vorgesetzte sind gefordert, zu Entscheidungen der Geschäftsleitung eine konstruktiv kritische Grundhaltung einzunehmen

Vorgesetzte sind also einerseits gefordert, zu Entscheidungen der Geschäftsleitung eine konstruktiv kritische Grundhaltung einzunehmen, um durch das Einbringen ihrer Sichtweise die Qualität der zu treffenden Entscheidungen zu optimieren. Andererseits gehört es unter der Prämisse der Loyalität auch dazu, getroffene Entscheidungen letztlich zu akzeptieren und die Umsetzung aktiv zu initiieren, auch wenn die Entscheidung den eigenen Überzeugungen nicht oder nur teilweise entspricht.

Spannend wird es natürlich für Vorgesetzte, wenn sie – was durchaus vorkommen kann – Entscheidungen der Geschäftsleitung gegenüber eine kritische Haltung haben, aber sie letztlich akzeptiert haben oder akzeptieren müssen. Spannend nämlich in der Frage, wie sie sich nun gegenüber den Mitarbeitern verhalten.

Führen im Falle eines Loyalitätskonfliktes

Manche Führungskraft wird sich in einer derartigen Situation eher bedeckt halten und die zur Umsetzung der Entscheidung notwendigen Aktivitäten in der gewohnten Form initiieren, das heißt Anweisungen geben, Aufträge erteilen und für eine effiziente Kontrolle sorgen. Der eigene Loyalitätskonflikt geht aus ihrer Sicht den Mitarbeiter nichts an – ihn offen zu legen könnte die eigene Führungskompetenz infrage stellen – so befürchten diese Führungskräfte zumindest.

Andere Führungskräfte agieren so, dass sie aus ihrem Unmut über die unternehmerische »Fehlentscheidung« keinen Hehl machen und diese heftig kritisieren. Mit dem Hinweis darauf, dass ihnen leider die Hände gebunden sind und der Klage darüber, dass sie nichts gegen diese Entscheidung hätten unternehmen können, sichern sie sich – vermeintlich – Akzeptanz bei ihren Mitarbeitern.

Der Coach berücksichtigt bei seiner Vorgehensweise, dass er auch in dieser Situation sich seiner Vorbildfunktion gemäß so verhalten muss, dass für die Mitarbeiter das Spannungsfeld der Loyalität deutlich wird und dass sie die umzusetzenden Entscheidungen in angemessener Weise loyal mittragen werden. Er weiß, dass weder unangemessene Kritik noch unangemessener Gehorsam einen konstruktiven Beitrag zur Lösung der Problematik darstellen.

Bei dieser Gratwanderung wird der Coach einerseits seine skeptische Haltung gegenüber der Entscheidung der Geschäftsleitung auch den Mitarbeitern gegenüber vertreten – andererseits wird er aber keinen Zweifel daran lassen, dass die Entscheidung umzusetzen ist. Und zwar so, dass alle sich möglichst unvoreingenommen der neuen Situation stellen und die geforderten Aktivitäten übernehmen. Denn nur dann wird es möglich sein, die gewonnenen Erfahrungen sinnvoll auszuwerten und in künftige Entscheidungen einfließen zu lassen.

CHECKLISTE »ENTSCHEIDUNGSVERHALTEN«
für Ihre persönliche Standortbestimmung als Coach:

- ✔ Ich treffe Entscheidungen zügig und fundiert.
- ✔ Ich stehe zu getroffenen Entscheidungen.
- ✔ Bei von mir getroffenen Entscheidungen erläutere ich Hintergründe und Kriterien.
- ✔ Ich treffe nur die Entscheidungen, die ich nicht delegieren kann oder darf.
- ✔ Ich coache meine Mitarbeiter regelmäßig in Bezug auf ihr Entscheidungsverhalten.
- ✔ Ich gebe meinen Mitarbeitern die Gelegenheit, aus Fehlentscheidungen zu lernen.

8 INFORMATION SICHERSTELLEN

Kaum ein Thema wird in Unternehmen so kontrovers diskutiert, wie das Thema Informationsfluss. Keine Frage, dass ohne hinreichende Informationen ein Unternehmen nicht funktionieren kann – Informationen sind die sachliche Grundlage für richtiges Arbeiten. Keine Frage ist es aber auch, dass die Menge der verfügbaren und auch der relevanten Informationen in den letzten Jahren dramatisch angestiegen ist.

Informationen sind die sachliche Grundlage für richtiges Arbeiten

Denken Sie nur an Handbücher für die Benutzung einer Software oder an Qualitätshandbücher, in denen sehr detailliert jeder Prozessschritt mit Zuständigkeiten und Verantwortlichkeiten festgehalten ist, um den entsprechenden DIN-/ISO-Normen zu entsprechen, die für viele Unternehmen unabdingbare Grundlage dafür sind, überhaupt als Geschäftspartner infrage zu kommen.

Auch die gesetzlichen Rahmenbedingungen werden zunehmend komplexer und ändern sich mit immer höherer Geschwindigkeit. Die These von der sich drastisch reduzierenden Halbwertzeit des Wissens unterstreicht die Problematik, die daraus entsteht, dass Mitarbeiter sichergestellt haben wollen, dass ihnen alle wichtigen Informationen zeitnah zur Verfügung stehen und zur Verfügung gestellt werden.

Informationsdefizit und Informationsüberflutung gleichzeitig – Ein unauflösbarer Widerspruch?

Hochinteressant ist aber auch der folgende Effekt: Im Rahmen von Mitarbeiterbefragungen wird zunächst der Informationsfluss sehr oft als deutlich verbesserungsfähig bewertet. Bei näherem Hinsehen oder beim Hinterfragen wird dann aber ein interessantes Spannungsfeld deutlich: Die gleichen Mitarbeiter, die darüber klagen, dass ihnen wichtige Informationen fehlen oder dass sie diese zu spät erhalten, klagen aber auch darüber, dass sie zu viele Informationen verarbeiten müssen und dadurch in hohem Maße Zeit gebunden wird, die dann wiederum für die eigentliche Tagesarbeit fehlt. Gleichzeitig wird oft auch die Relation zwischen Informationsaufnahme und Umsetzung des erworbenen Wissens als ungünstig beschrieben: Mitarbeiter müssen aus ihrer Sicht oft viel zu viele Informationen aufnehmen, mit denen sie in ihrer Arbeit zu wenig konkret anfangen können.

Zu viele nicht relevante Informationen müssen verarbeitet werden

Wie entsteht dieser Widerspruch?

Eine wesentliche Ursache ist sicher in der Erkenntnis zu finden, dass das Bedürfnis nach Information nicht auf die rein sachliche Ebene und auf ausschließlich objektiv nachvollziehbare Tatsachen begrenzt werden kann. Der Wunsch nach Information hat auch erhebliche emotionale Anteile. Meist ist es so, dass Mitarbeiter sich nicht ausreichend informiert »fühlen« – auch wenn es vielleicht nachweisbar wäre, dass alle verfügbaren Informationen zeitnah weitergegeben werden. Dieses Gefühl des nicht-infomiert-seins hat dann oft seinen Hintergrund in einem ungünstigen Informationsverhalten des Vorgesetzten. Dazu später mehr.

das Gefühl nicht informiert zu sein entsteht oft aus einem ungünstigen Informationsverhalten des Vorgesetzten

Daneben spielt auch die Persönlichkeit des Mitarbeiters eine wichtige Rolle. Wenn ein Mitarbeiter eher von Unsicherheit geprägt ist, dann wird er subjektiv viel eher bereit sein, über fehlende Informationen zu klagen und sich stattdessen mit Interpretationen seine Wirklichkeit schaffen. So kann es beispielsweise vorkommen, dass der Vorgesetzte während des Urlaubs des Mitarbeiters das Team über einige Neuigkeiten informiert und vergisst, diesem Mitarbeiter nach dessen Urlaub die gleichen Informationen zu geben. Wenn dieser Mitarbeiter nun zufällig diese Informationen aus dem Kollegenkreis erhält, wird er dazu neigen, sich Gedanken oder Sorgen darüber zu machen, warum er nicht offiziell vom Vorgesetzten informiert wurde und dem Vorgesetzten eher eine konkrete Absicht unterstellen, als von einer Gedankenlosigkeit auszugehen.

Wer nun als Mitarbeiter den subjektiven Eindruck hat, dass ihm Informationen fehlen, wird das als Defizit erleben – er ist in Unkenntnis. Aus dieser Unkenntnis entsteht schnell Verunsicherung, beispielsweise in der Frage, ob negative Informationen bewusst zurückgehalten werden oder ob sich »da oben« irgendetwas zusammenbraut. So kann die Unsicherheit sich bis zu Ängsten und Befürchtungen steigern.

Aus dem Gefühl der Unkenntnis entsteht schnell Verunsicherung

Dann tritt auch schnell als nächste Konsequenz unbewusster Widerstand auf. Der Widerstand äußert sich in unterschiedlichen Formen. Manche ziehen sich auf die Vorschriften zurück und praktizieren – oft unbewusst – »Dienst nach Vorschrift«. Auf diesem Wege können sie nichts falsch machen. Die Eigeninitiative bleibt irgendwann auf der Strecke. Die Effizienz leidet – statt die Energie auf die Erfüllung der Aufgaben zu bündeln, fangen Mitarbeiter an, sich abzusichern, um nicht durch Fehler aufzufallen. In diesem Umfeld beginnt dann auch ein Trend negativer Kommunikation, das beklagen der schlimmen Zustände nimmt zunehmend Zeit in Anspruch, die für die effektive Aufgabenerfüllung fehlt. Resignation macht sich breit, die Fehlzeiten nehmen tendenziell zu, der eine oder andere Mitarbeiter bewegt sich auf die innere Kündigung zu.

Informationen am subjektiven Informationsbedarf der Mitarbeiter orientiert gezielt weitergeben

Die Anforderungen an die Informationssysteme und an das Informationsverhalten von Vorgesetzten sind also hoch: Es geht nicht nur darum, generell die relevanten Informationen zeitnah weiterzugeben, es kommt auch darauf an, Informationen am subjektiven Informationsbedarf der oder des Mitarbeiters orientiert gezielt und ggf. auch differenziert weiterzugeben.

Der zweite Aspekt, die Klage über die Informationsüberflutung, ist natürlich auch nicht von der Hand zu weisen. Denn der reale Hintergrund ist die Tatsache, dass die Menge der zu verarbeitenden Informationen in den vergangenen Jahren deutlich angestiegen ist.

Parallel dazu sind meist auch die Anforderungen in quantitativer und qualitativer Hinsicht an den meisten Arbeitsplätzen ebenfalls gestiegen. Es liegt auf der Hand, dass dieses Missverhältnis zur Überforderung führen kann, wenn es nicht gelingt, ein sinnvolles Informationsmanagement zu installieren.

8.1 Information nach Kategorien differenzieren

ein sinnvolles Informationsmanagement

Eine wichtige Sichtweise beim Aufbau eines sinnvollen Informationsmanagements ist die Differenzierung nach der Bedeutung der Information für den Mitarbeiter.

Mit dem folgenden Schema können Sie Informationen nach dem Bedarf des Mitarbeiters strukturieren:

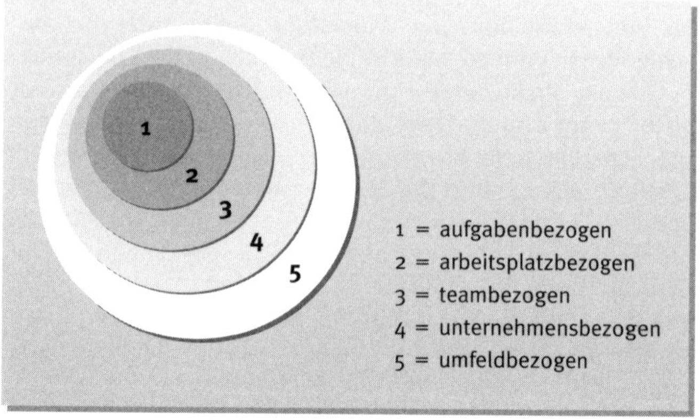

Abb. 8.1: Informationskategorien

Kategorie 1: Aufgabenbezogene Informationen

Diese Informationen sind jeweils für die Erledigung eines einzelnen Auftrags notwendig, beispielsweise Konditionen, aktuelle Lieferzeiten, bereits getroffene Absprachen, Termine, Zuständigkeiten etc. Informationen dieser Kategorie müssen dem Mitarbeiter sofort uneingeschränkt zur Verfügung stehen; für den Vorgesetzten sind diese Informationen nur bedingt relevant, außer, wenn der Mitarbeiter sich beispielsweise in einer Einarbeitungsphase befindet.

Informationen, die dem Mitarbeiter sofort uneingeschränkt zur Verfügung stehen müssen

BEISPIEL:

Ein Mitarbeiter soll einen erkrankten Kollegen in einem Projekt vertreten. Er benötigt sämtliche relevanten Informationen über das Projekt – von der Zielsetzung und den Meilensteinen über die bisherigen Aktivitäten und Zwischenergebnisse bis zu den geplanten nächsten Schritten.

Kategorie 2: Arbeitsplatzbezogene Informationen

In diese Kategorie gehören alle Informationen, die der Mitarbeiter benötigt, um die regulären Aufgaben, die in seinem Verantwortungsbereich anfallen, selbstständig erledigen zu können.

Informationen um reguläre Aufgaben bewältigen zu können

BEISPIEL:

Ein Mitarbeiter in der Auftragsannahme muss alle Informationen haben, um selbstständig eingehende Aufträge abschließend bearbeiten zu können – Lieferzeiten, Lagerbestände, Gebindegrößen, Sonderkonditionen, Aktionen, Bonitätsmerkmale, Neuentwicklungen, Nachfragetrends etc.

Kategorie 3: Teambezogene Informationen

Hierzu gehören alle Informationen, die sich auf das gemeinsame Aufgabengebiet eines Teams, einer Gruppe oder einer Abteilung beziehen. Gerade bei unterschiedlichen Aufgaben innerhalb einer Abteilung kann es wichtig sein, Informationen über die anderen in einer Abteilung angesiedelten Aufgaben zu haben.

Informationen, die sich auf das gemeinsame Aufgabengebiet eines Teams, einer Gruppe oder einer Abteilung beziehen

BEISPIEL:

Der Mitarbeiter in der Auftragsannahme muss wissen, wer von seinen Kollegen welche Zuständigkeiten hat, wer wel-

che Kompetenzen hat, wo welche Zusatzaufgaben angesiedelt sind, wer welche Spezialkenntnisse und Erfahrungen hat, wo er auf die relevanten Informationen zugreifen kann, wie die Abläufe und Prozesse innerhalb der Abteilung geregelt sind.

Kategorie 4: Unternehmensbezogene Informationen

Informationen außerhalb der eigenen Arbeitsgruppe

In dieser Kategorie finden sich alle Informationen, die Aufschluss geben über Neuigkeiten, Entwicklungen, Trends, Entscheidungen außerhalb der eigenen Arbeitsgruppe. Diese Informationen sind wichtig, um Zusammenhänge und Abhängigkeiten zu erkennen, Prozesse und Abläufe besser zu verstehen, geschäftspolitische Entscheidungen zu kennen und die daraus abgeleiteten Strategien zu akzeptieren.

BEISPIEL:

Die Mitarbeiter der Auftragsannahme sollten informiert sein über die wirtschaftliche Situation des Unternehmens, über wichtige Trends in der Produktentwicklung, über die Aufbau- und Ablauforganisation insgesamt, über Abläufe und Prozesse, die über die eigene Abteilung hinausgehen, über Kompetenzen und Befugnisse angrenzender Abteilungen, über personelle Entwicklungen und Veränderungen.

Kategorie 5: Informationen über das Umfeld des Unternehmens

Die Informationen über das Umfeld eines Unternehmens beziehen sich in erster Linie auf die Marktsituation, Aktivitäten von Mitbewerbern, Situation von Lieferanten und Geschäftspartnern, Kunden- und Konsumentenverhalten, sonstige wirtschaftliche Rahmenbedingungen, Markt- und Produktperspektiven, rechtlich relevante Entwicklungen, generelle Ergebnisse und Trends aus Entwicklung und Forschung. Diese Information haben zwar in der Regel keinen oder nur geringen Bezug auf die aktuellen Aufgaben, sind aber zukunftsorientiert relevant, um längerfristige Strategien überprüfen und ggf. modifizieren zu können.

zukunftsorientierte Informationen, um längerfristige Strategien überprüfen zu können

BEISPIEL:

Die Mitarbeiter im Vertrieb brauchen zeitnahe Informationen über die Aktivitäten von Mitbewerbern, deren Preis-

und Produktpolitik, deren wirtschaftliche Situation, Daten über das Marktpotenzial, Veränderungen im Nachfrageverhalten wichtiger Kundengruppen, Verschiebungen im Wettbewerb durch Kooperationen.

8.2 Unterschiedliches Informationsverhalten von Vorgesetzten

Auch bei der wichtigen Führungsaufgabe Informationsmanagement lassen sich gravierende Unterschiede in der Haltung und in der Vorgehensweise zwischen Führungskraft und Coach feststellen.

Die Führungskraft sieht zunächst einmal die Notwendigkeit, selbst gut informiert zu sein. Deshalb muss sie alle Information zunächst selbst zur Kenntnis nehmen und verwerten. Das erfordert hohen Zeitaufwand. Nicht selten werden dann Schreibtische von Führungskräften zum »Bermuda-Dreieck« von Informationen: Wichtige Unterlagen verschwinden anscheinend spurlos und finden sich nach längerem Suchen in Schubladen oder Stapeln wieder, die nach dem Motto entstanden sind: *»Erst mal selbst schauen, was da Wichtiges dabei ist«*. Erst wenn das eigene Informationsbedürfnis hinreichend gedeckt ist, wird die Führungskraft selektieren und entscheiden, welche Informationen für den Mitarbeiter wirklich geeignet sind. Als Ergebnis werden Informationen eher spät und spärlich weitergegeben.

Erst, wenn das eigene Informationsbedürfnis gedeckt ist, wird die Führungskraft Informationen weitergeben

Der Coach ist sich der Bedeutung aktueller Informationen voll bewusst. Deshalb gibt er Informationen zügig weiter. Er sorgt auch für umfassende Informationsmöglichkeit, das heißt er gibt lieber zu viel an Informationen weiter als zu wenig. Gleichzeitig achtet er darauf, dass seine Mitarbeiter in der Lage sind, die ihnen zur Verfügung stehenden Informationen sinnvoll zu selektieren, um nicht unnötig Zeit für das Verarbeiten unwichtiger Informationen zu verschwenden.

Der Coach gibt lieber zu viel an Informationen weiter als zu wenig

Wenn ihm die notwendige Zeit fehlt, um wichtige Informationen zeitnah selbst zu verarbeiten, gibt er vorab Kopien an die Mitarbeiter – im Sinne eines Coaching gibt er Mitarbeitern dazu gelegentlich auch gezielt den Auftrag, bei einem nächsten Meeting eine kurze Zusammenfassung der Kerninformationen für alle zu liefern. So kann er auch einschätzen, inwieweit seine Mitarbeiter beim Verarbeiten von

Informationen diese sinnvoll nach Wichtigkeit selektieren und differenzieren können und erkennt, wo noch Entwicklungsbedarf besteht.

Information muss auch als Holschuld verstanden werden

Als Coach sorgt er auch dafür, dass die Mitarbeiter ein Bewusstsein dafür entwickeln, dass Information auch eine Holschuld ist. Nicht um sich aus der Verantwortung zu stehlen, sondern um die Eigenverantwortung der Mitarbeiter gezielt weiter zu entwickeln.

Der Coach differenziert auch nach dem Informationsbedürfnis und dem Informationsverhalten des einzelnen Mitarbeiters. Wenn – wie oben ausgeführt – einzelne Mitarbeiter ein besonders intensiv ausgeprägtes Informationsbedürfnis zeigen und mit Unsicherheit reagieren, wenn ihnen vermeintlich Informationen fehlen, wird er darauf eingehen und sein Informationsverhalten teilweise danach ausrichten. Gleichzeitig wird er nach den Hintergründen eines ungewöhnlich ausgeprägten Informationsverhaltens forschen. Wenn es sinnvoll erscheint, wird er hier als Coach ansetzen, um mit dem Mitarbeiter gemeinsam eine Entwicklung zu initiieren, als deren Ziel ein höheres Maß an Souveränität in Bezug auf das vermeintliche Fehlen von Informationen stehen könnte.

CHECKLISTE »INFORMATIONSVERHALTEN«
für Ihre persönliche Standortbestimmung als Coach:

- ✔ Meine Mitarbeiter sind zeit- und zielgerecht informiert.
- ✔ Meine Mitarbeiter sind in der Lage, die Informationen sinnvoll zu selektieren.
- ✔ Meine Mitarbeiter verstehen Information auch als Holschuld.
- ✔ Innerhalb des Teams gibt es einen funktionierenden Informationsaustausch.
- ✔ Ich gebe auch Informationen über die Unternehmenssituation, Strategien und über das Umfeld des Unternehmens weiter.
- ✔ Ich bin auch über die Arbeitssituation und über aktuelle Vorkommnisse im Arbeitsbereich der Mitarbeiter informiert.

9 Kommunikationssysteme schaffen

Während sich im Rahmen der Führungsaufgabe Informieren in erster Linie auf die Weitergabe von Informationen – meist in schriftlicher oder elektronischer, aber auch in mündlicher Form – bezieht, geht es beim Schaffen von Kommunikationssystemen in erster Linie um die direkte, zielorientierte und aufgabenbezogene Kommunikation zwischen zwei oder mehreren Personen.

direkte, zielorientierte und aufgabenbezogene Kommunikation zwischen zwei oder mehreren Personen

9.1 Meetings im Mittelpunkt der Kommunikationssysteme

Gegenüber der Kommunikation zwischen zwei Personen bietet das Meeting den Vorteil, viele Personen gleichzeitig anzusprechen. Je größer der in einem Meeting vertretene Personenkreis ist, desto effektiver sollte die Kommunikation sein, da es nur so schließlich gelingt, einen großen Personenkreis gleichzeitig einzubeziehen. Eine Betriebsversammlung beispielsweise kann dadurch effektiv sein, dass alle Mitarbeiter gleichzeitig den gleichen Informationsstand erhalten.

Kommunikation ist allerdings wesentlich mehr als nur Informationen aufzunehmen.

Kommunikation ist wesentlich mehr als lediglich Informationen aufzunehmen

Mit Kommunikationssystemen sind hier alle Formen von Zusammenkünften gemeint, in denen es darum geht:

Informationen auszutauschen

Beispiel: Der »Jourfixe«, an dem ein Team sich mit dem Ziel zusammensetzt, sich gegenseitig in Bezug auf relevante und interessante Informationen auf den neuesten Stand zu bringen. Jeder berichtet kurz, was es in seinem Verantwortungsbereich an Neuem gegeben hat.

Planungen und Aktivitäten zu koordinieren

Beispiel: Das Team soll eine neue Aufgabe übernehmen – die Aufgabe ist wichtig und dringend und kann nur dann termingerecht erledigt werden, wenn jeder im Rahmen seiner Möglichkeiten parallel aktiv wird.

Probleme gemeinsam zu lösen

Beispiel: Bei einem wichtigen Abteilungsziel zeichnet sich ab, dass das Ziel verfehlt werden könnte. Für das Team geht es nun um die Frage, was man gemeinsam tun könnte, um das Ziel doch noch zu erreichen.

KONFLIKTE GEMEINSAM ZU KLÄREN

Beispiel: Eine zusätzliche Aufgabe stellt die bisherige Aufgabenplanung eines Teams nachhaltig in Frage. Keiner ist zunächst bereit, andere Aufgaben zurückzustellen, weil jeder seine Aufgaben für unverschiebbar hält. Das Team setzt sich zusammen, um für diesen Ziel- und Interessenkonflikt eine tragfähige Lösung zu suchen.

Die effektive Anzahl und Frequenz von Besprechungen und Meetings

Die Idee der Effektivität von Besprechungen und Meetings scheint allerdings vielfach eher auf dem Papier zu stehen als wirklich gelebt zu werden. Das fängt schon bei der Anzahl der Besprechungen an, an denen wichtige Personen teilnehmen. Sie kennen sicher auch einige Ansprechpartner in Ihrem Unternehmen oder in anderen Unternehmen, die äußerst schwer erreichbar sind. *»Ist gerade in einer Besprechung – gleich danach aber noch in einem anderen Meeting!«* lautet dann die Auskunft.

Ist die Teilnahme an Meetings wirklich immer unumgänglich?

Schon in der Frage, an wie vielen und an welchen Meetings sie ihre Teilnahme als erforderlich sehen, unterscheiden sich die Führungskraft und der Coach im Grundsatz voneinander.

FÜHRUNGSKRÄFTE halten ihre Anwesenheit für notwendig. Sie meinen, dass ohne ihre Teilnahme kein vernünftiges Ergebnis herauskommen wird. Oder gar ein Ergebnis, das nicht ihren Vorstellungen entspricht. So sind sie wieder in der Effektivitätsfalle gefangen: Entweder trauen sie ihren Mitarbeitern nicht zu, ein gutes und effektives Meeting selbst zu gestalten oder sie befürchten, dass die Mitarbeiter Ergebnisse produzieren, die in die falsche Richtung gehen. Durch dieses Selbstverständnis steigt natürlich wieder der Energieaufwand für die Teilnahme an Sitzungen. Wenn die Führungskraft hier an zeitliche Grenzen stößt, wird sie eher die Anzahl der Meetings reduzieren als die eigene Teilnahme.

Für den COACH stellt sich als erstes die Frage, ob das Ziel auch auf einem anderem Wege als über eine Besprechung erreicht werden kann. Wenn es primär um Informationsvermittlung geht, bieten sich ja schließlich auch die elektronischen Möglichkeiten an. Wenn eine Besprechung sinnvoll erscheint, stellt sich der Coach als nächstes die Frage, ob seine persönliche Anwesenheit und Mitwirkung wirklich erforderlich ist. Er achtet darauf, nur an den Besprechungen teilzunehmen, zu denen er wichtige Beiträge und Informationen liefern oder in denen eine Entscheidung nur von ihm selbst getroffen werden kann.

die Mitarbeiter in die Lage versetzen, einen Großteil der Meetings selbst zu organisieren und durchzuführen

Ansonsten versteht er seine Aufgabe als Coach in erster Linie darin, die Mitarbeiter in die Lage zu versetzen, einen Großteil der Meetings selbst zu organisieren und durchzuführen. Bei seiner Teilnahme an Meetings delegiert er möglichst die Aufgabe des Leitens der Besprechung, des Zeitmanagements, der Protokollführung und der Ergebnissicherung an Mitarbeiter. Bei ungünstigen Entwicklungen im Verlauf eines Meetings nutzt er die Gelegenheit, um seine Mitarbeiter dazu zu bringen, selbst mit eigenen Ideen im Meeting wieder zur Effektivität zurückzufinden. Am Ende eines Meetings schlägt er eine kurze Feedback-Runde vor, in denen die Teilnehmer ihre Eindrücke zu dem soeben durchgeführten Meeting schildern können, um daraus für künftige Besprechungen Optimierungspotenziale abzuleiten.

Der Coach nimmt ein Meeting auch als Gelegenheit, seine Mitarbeiter im Kontext einer Besprechung zu erleben und wahrzunehmen, wie sie sich in fachlicher, methodischer, persönlicher und sozialer Kompetenz in der Besprechung positionieren. Seine Wahrnehmungen können zu einem späteren Zeitpunkt wiederum in einem Coachingprozess wichtige Maßnahmen einleiten.

Die effektive Durchführung von Meetings und Besprechungen

Aber auch in der Durchführung von Besprechungen gibt es noch erhebliche Verbesserungspotenziale. Nicht von ungefähr gibt es allerhand ironische Beschreibungen für Meetings und Besprechungen: *»Ein Meeting ist, wenn viele reingehen und wenig rauskommt«* oder – noch sarkastischer – *»Ein Meeting ist der Triumph des Sitzfleisches über das Gehirn«*. Heftig übertrieben? Nun, in jeder Übertreibung steckt ja bekanntlich auch ein mehr oder weniger großes Körnchen Wahrheit.

zentrale Schwachpunkte in Besprechungen

Als zentrale Schwachpunkte in Besprechungen stellen sich immer wieder die folgenden Probleme heraus:

- Die Zielsetzung der Besprechung ist unklar oder zumindest nicht für alle transparent.
- Der Ablauf ist nicht konsequent strukturiert.
- Es gibt keine Verantwortung für die zeitliche Gestaltung der Besprechung.
- Bei einzelnen Tagesordnungspunkten ist das Ziel unklar: soll nur informiert werden oder soll über eine Lösung diskutiert werden?
- Es werden keine konkreten Aktivitäten und Verantwortlichkeiten definiert.
- Ergebnisse sind unklar formuliert und/oder werden nicht dokumentiert.

Die Führungskraft gegen den Rest der Welt

Die FÜHRUNGSKRAFT wird in solchen Situationen energisch dafür sorgen, dass diese Fehler abgestellt werden. Mit straffer Lenkung, mit dem Durchpowern von Themen und Beiträgen, dem Begrenzen – oder Abwürgen – von Diskussionen und dem Einfordern von Absprachen und Zusagen wird sie dafür sorgen, dass etwas Ordentliches beim Meeting herauskommt. So weit so gut – allerdings übersieht sie dabei, dass sie auf diesem Weg ihre Energie gegen die vorhandene Energie der Teilnehmer stellt. Und wieder ist kostbare Energie fehlgeleitet worden, statt gemeinsam an einer effektiven Meetingkultur zu arbeiten ist nur die Führungskraft der Initiator und Macher.

konstruktive Eigendynamik von Meetings initiieren und nutzen

Deshalb stellt sich für den COACH in der Vorbereitung, in der Durchführung und in der Nachbearbeitung von Meetings die Frage, wie er in seiner Funktion als Coach einzelne Mitarbeiter und die Teilnehmer an Meetings insgesamt dazu bewegen kann, die Effektivität von Meetings permanent zu optimieren und wie er diesen Optimierungsprozess so coachen kann, dass er in Eigendynamik übergeleitet und kontinuierlich fortgeführt wird.

9.2 Kommunikation systematisch und effektiv gestalten

Jedes Unternehmen benötigt ein Minimum an geplanten und regelmäßig stattfindenden Besprechungen als systematisiertes Kommunikationsinstrument. Die Erfahrung zeigt, dass das Tagesgeschäft schnell die Notwendigkeit überlagert, sich wieder einmal zu bestimmten Themen zusammenzufinden. Nur wenn Besprechungstermine schon längerfristig im Terminkalender stehen, werden sie auch von allen wahrgenommen.

ein Minimum an geplanten und regelmäßig stattfindenden Besprechungen

Ein weiterer häufig begangener Fehler ist es, wenn die regelmäßigen Besprechungen auch jeweils mit einem festen Zeitrahmen versehen sind. Dann besteht die Gefahr, dass Zeit »abgesessen« wird. Es fördert die Effektivität, wenn ein bewusst knapp gehaltener Zeitrahmen als Maximum angesehen wird. Das bedeutet, dass eine Besprechung beendet wird, wenn die Tagesordnungspunkte abgearbeitet sind. Diese Grundidee wird vom Coach in der Form umgesetzt, dass er den knappen Zeitrahmen als Orientierung vorgibt und die Teilnehmer der Besprechung durch gezielte Interventionen und vor allem durch eine anschließende »Manöverkritik« dazu befähigt, in der knappen verfügbaren Zeit das Maximum an Ergebnis zu generieren.

Top-Down-Systematik für Strategie und Planung

Die aktuellsten und interessantesten Informationen und Sachverhalte sind diejenigen, die von der Geschäftsleitung ausgehen. Unabhängig davon, ob die oberste Führungsebene solche Informationen im Rahmen eines Meetings oder in Einzelgesprächen erhält – es ist unverzichtbar und eminent wichtig, dass diese Informationen unverzüglich und kaskadenartig im Unternehmen kommuniziert werden.

Führungskräfte betrachten Informationen von der Geschäftsleitung als »Herrschaftswissen«

Während Führungskräfte Informationen von der Geschäftsleitung als »Herrschaftswissen« betrachten und es nur zögernd weitergeben, weiß der Coach um die Notwendigkeit von aktueller Information und um die Möglichkeit der Kommunikation über aktuelle Informationen auf allen Ebenen. Deshalb wird er – meist sogar unmittelbar nachdem er mit der Geschäftsleitung oder der nächst höheren Führungsebene im Gespräch war –, die relevanten Informationen in seinem Verantwortungsbereich kommunizieren. Er vertraut seinen Mitarbeitern unter Umständen sogar auch einmal Informationen an, die zunächst als vertraulich gelten. Gleichzeitig lässt er jedoch keinen Zweifel daran, dass er mit vertraulichen Informationen nur solange großzügig verfahren wird, wie die Vertraulichkeit innerhalb des Teams gewahrt bleibt.

Bottom-Up-Systematik für wichtige Rückmeldungen

Kommunikation ist natürlich nicht nur als Top-Down-Prozess gedacht – mindestens genauso wichtig ist die umgekehrte Richtung – die Kommunikation Bottom-Up – also von der ausführenden Ebene über die Führungsebenen bis hin zur Geschäftsleitung.

Meinungen zur Umsetzung von Direktiven der Geschäftsleitung sind wichtig für deren weitere strategische Planung

Wenn in einem Meeting beispielsweise über die Umsetzung der von der Geschäftsleitung beschlossenen Ziele und Strategien diskutiert wird, erbringt diese Diskussion natürlich auch wichtige Aufschlüsse über Möglichkeiten und Chancen, aber auch über Risiken und Schwierigkeiten in der Umsetzung. Diese Meinungen können für die Geschäftsleitung wichtige und interessante Hinweise geben – wenn sie davon erfährt. Beim Umgang mit solchen Rückmeldungen unterscheiden sich auch wieder die Vorgehensweisen der Führungskraft von der des Coaches.

FÜHRUNGSKRÄFTE werden eher dazu neigen, solche Rückmeldungen – wenn überhaupt – nur in gefilterter Form nach oben weiterzugeben. Nachdem zu negativ klingende Rückmeldungen ja letztlich auch ihrem Führungsverhalten angelastet werden könnten, werden sie vor allem kritische Rückmeldungen für sich behalten. Die Konsequenz ist, dass die Geschäftsleitung nur geschönte Informationen »von der Basis« erhält und infolgedessen davon ausgeht, dass sich alles »im grünen Bereich« bewegt.

Der Coach sorgt für einen unmittelbaren Informationsfluss

Nachdem der COACH selbst weiß, dass er seine Vorgesetztenfunktion nur dann effektiv ausüben kann, wenn er Rückmeldungen seiner Mitarbeiter erhält, wird er auch dafür sorgen, dass wichtige Rückmeldungen zügig nach »oben« weitergeleitet werden. Diese Rückmeldungen sind nicht gefiltert, allerdings geht der Coach schon von seinem Selbstverständnis her den Dingen – z.B. Bedenken und Skepsis bezüglich geschäftlicher Zielsetzungen – auf den Grund und kann damit auch fundierte und konstruktive Rückmeldungen weitergeben anstatt subjektive und unbegründete Eindrücke.

Probleme situationsbezogen und schnell in Meetings lösen

spontane anlassbezogene Besprechungen

Neben den formellen Meetings gibt es – gerade in fortschrittlichen Unternehmen – für Mitarbeiter und Vorgesetzte jederzeit die Möglichkeit, sich spontan zu einer Besprechung zusammenzufinden.

CHECKLISTE »KOMMUNIKATIONSSYSTEME«
für Ihre persönliche Standortbestimmung als Coach:

- ✔ Es gibt ein stringentes System der internen Kommunikation.
- ✔ Top-Down-Informationen werden zeitnah kommuniziert.
- ✔ Besprechungen finden mit klarer Zielsetzung statt.
- ✔ Besprechungen haben eine klare Struktur.
- ✔ Zu jedem Tagesordnungspunkt ist die Zielsetzung klar.
- ✔ Der Zeitaufwand für Besprechungen ist gerechtfertigt.
- ✔ In Besprechungen gibt es eine sinnvolle Aufgabenteilung.
- ✔ Besprechungsergebnisse werden unverzüglich und effektiv dokumentiert.
- ✔ In Besprechungen getroffene Absprachen werden eingehalten.
- ✔ Per Abschluss-Feedback werden Besprechungen kontinuierlich optimiert.
- ✔ Ich bin nur anwesend, wenn es notwendig und sinnvoll ist.

9.3 Mit Delegation Aufgaben motivierend übertragen

Eine zentrale Aufgabe des Vorgesetzten ist es natürlich, dafür Sorge zu tragen, dass die insgesamt in seinen Verantwortungsbereich fallenden Aufgaben termin- und anforderungsgerecht erledigt werden. Voraussetzung dafür ist die Weitergabe von Aufgaben an die Mitarbeiter per Delegation. Der Begriff Delegation wird allerdings durchaus unterschiedlich verstanden und interpretiert, deshalb hier ein paar Gedanken zu einer sinnvollen Differenzierung – noch einmal auf das Beispiel der Raumplanung in Kap. 6.1 bezogen:

Delegation als Weitergabe von Auftrag, Kompetenz und Verantwortung

Delegation wird definiert als Weitergabe von Auftrag, Kompetenz und Verantwortung. Dann würde in obigem Beispiel eine Delegation – als Ergebnis eines vorausgegangenen Coachinggesprächs – etwa folgendermaßen lauten:

Beispiel für eine Kompetenzerteilung

»Sie übernehmen die Ausarbeitung für die Raumplanung bezüglich des neuen Objekts in der Form, dass bis Ende des Monats ein Konzept vorliegt, aus dem hervorgeht, wie die zur Verfügung stehenden Räume künftig genutzt werden können. Sie können im Rahmen ihrer Aufgabe Kollegen mit einbeziehen, die notwendigen Ortbesichtigungen vornehmen und die erforderlichen Auskünfte vom Besitzer des Objekts direkt holen. Wenn Sie inhaltliche Unterstützung brauchen, fragen Sie in der Abteilung XYZ nach, die haben aus ihrem Umzug vom letzten Jahr ausreichend Erfahrungen, von denen Sie profitieren können, wenn Sie das für nötig halten. Über anfallende Kosten können Sie bis zu einem Gesamtbetrag von Euro XY selbst entscheiden. Sollte sich herausstellen, dass die verfügbaren Räume nicht ausreichen, erwarte ich eine frühzeitige Rückmeldung. Wenn ich vor Ende Juni nichts mehr von Ihnen höre, gehe ich davon, dass Sie mit der Aufgabe planmäßig vorwärts kommen.«

Unter der Voraussetzung, dass in dem vorausgegangenen Gespräch geklärt worden ist, dass der Mitarbeiter sich den Auftrag zutraut, die notwendigen Grundkenntnisse hat und das erforderliche Potenzial vorhanden ist, um mit den Schwierigkeiten und Unwägbarkeiten des Auftrages fertig zu werden, entspricht diese umfassende Form der Delegation dem Verständnis des Coaches: den Mitarbeiter durch anspruchsvolle Aufgaben fordern – mit ihm klären, inwieweit er für die Ausführung der Aufgabe selbst in der Lage ist, klären wo er welche Unterstützung benötigt und ihn dazu bewegen, sich die noch fehlenden Kenntnisse und Fertigkeiten weitestgehend selbst anzueignen.

Wenn eine Führungskraft im Delegationsgespräch die Situation nicht hinreichend mit dem Mitarbeiter analysiert und klärt, inwieweit dieser selbst bereit und in der Lage ist, einen umfangreichen und neuen Auftrag neben seinen regulären Aufgaben zu erledigen, sondern von vornherein davon ausgeht, dass die Aufgabe für den Mitarbeiter zu schwierig ist, wird das Gespräch eher so enden:

Beispiel für eine Auftragserteilung

»Sie nehmen jetzt diesen Grundrissplan für unsere neue Büroetage und rechnen aus, wie viele Mitarbeiter insgesamt untergebracht werden können. Dabei gehen Sie bitte folgendermaßen vor: Gehen Sie von der Faustregel aus,

dass pro Mitarbeiter 9 qm benötigt werden. Berücksichtigen Sie außerdem, dass ein separater Raum mit mindestens 6 qm für den Fotokopierer benötigt wird und ein Raum für Büromaterial mit mindestens 15 qm.

Außerdem erstellen Sie bitte eine Liste, aus der hervorgeht, welche Mitarbeiter jetzt in den bisherigen Büros jeweils ein Büro miteinander teilen. Mit diesem beiden Aufstellungen kommen Sie dann morgen Nachmittag um 16.00 Uhr wieder zu mir, dann sage ich Ihnen wie es weitergeht – ich will Sie ja nicht überfordern. Die Statistik, die ich Ihnen gestern in Auftrag gegeben hatte, stellen Sie zunächst mal zurück, bis ich Ihnen wieder Bescheid sage.

Diese Vorgehensweise entspricht einer Auftragserteilung – der Mitarbeiter erhält nur den Auftrag – Kompetenz und Verantwortung bleiben vollständig aufseiten des Vorgesetzten. Sie stellen sich sicher die Frage, ob diese Vorgehensweise auch in das System des Coaching passt. Diese Methodik der Auftragserteilung mit überaus klaren Anweisungen und praktisch ohne Handlungsspielraum ist dann gerechtfertigt, wenn der Mitarbeiter weder die notwendigen fachlichen Fähigkeiten hat, noch sie sich selbst aneignen kann und wenn zugleich aus Zeitgründen eine schnelle Erledigung des Auftrags notwendig ist.

Der Grad der Einflussnahme orientiert sich an den fachlichen und persönlichen Kompetenzen des Mitarbeiters

Insofern werden Sie auch als Coach die ganze Bandbreite des Delegationskontinuums ausschöpfen können – immer unter der Voraussetzung, dass der Grad Ihrer Einflussnahme und das Ausmaß der Entscheidungsbefugnis des Mitarbeiters sich an dessen fachlichen und persönlichen Kompetenzen so orientieren, dass für ihn eine Weiterentwicklung möglich ist.

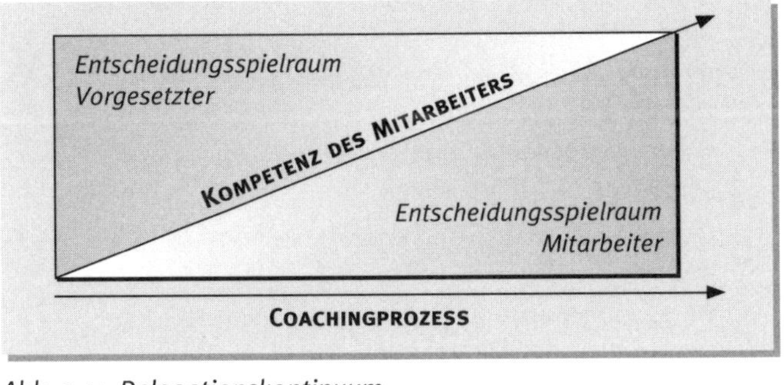

Abb. 9.1: Delegationskontinuum

Die linke Seite des Modells verdeutlicht die Situationen, in denen Sie als Coach sehr deutliche Vorgaben machen, weil es von der Kompetenz des Mitarbeiters her eine Überforderung darstellen würde, ihm Entscheidungsspielräume zu lassen. Diese Situationen sollten allerdings selten sein. Sie sind beispielsweise denkbar bei völlig neuen Aufgabenstellungen, in denen ein Mitarbeiter noch keinerlei Erfahrungen hat und bei denen es gleichzeitig von vornherein auf schnelle und fehlerfreie Erledigung ankommt. Genauso sind hier Situationen zu sehen, in denen ein neuer Mitarbeiter in die Aufgabenstellungen eingearbeitet wird und sofort in das Tagesgeschäft eingebunden ist. Diese Situationen fordern natürlich von Ihnen als Coach einen hohen Energieaufwand, der in diesem Fall aber gerechtfertigt ist und gleichzeitig auch eine Investition in die Entwicklung der Kompetenzen des Mitarbeiters darstellt.

Ziel des Coachingprozesses sollte sein, den Entscheidungsspielraum des Mitarbeiters sukzessive auszuweiten

Entscheidend für Sie als Coach ist es, dass ein klarer Trend in die rechte Seite des Modells führt. Das heißt, dass Sie das Instrument der Delegation nutzen, um durch jeweils leicht steigenden Schwierigkeitsgrad der Aufgaben die Grundlage für eine Weiterentwicklung der Mitarbeiter schaffen.

Je stärker die Mitarbeiter selbst entscheiden können, desto mehr können Sie als Coach sich ihren eigenen Kernaufgaben widmen und sich in ihrer Vorgesetztenfunktion in erster Linie auf die Begleitung der kontinuierlichen Weiterentwicklung Ihrer Mitarbeiter konzentrieren.

CHECKLISTE »DELEGATIONSVERHALTEN«
für Ihre persönliche Standortbestimmung als Coach:

- ✔ Meine Mitarbeiter fühlen sich für ihre Aufgaben verantwortlich.
- ✔ Ich nutze konsequent die Möglichkeit genereller Delegation.
- ✔ Ich delegiere interessante und herausfordernde Aufgaben.
- ✔ Delegierte Aufträge sind von vornherein klar definiert.
- ✔ Delegation orientiert sich an den Fähigkeiten und Potenzialen der Mitarbeiter.

- ✔ Mitarbeiter haben die Möglichkeit, bei Überforderung Unterstützung einzufordern.
- ✔ Ich vermeide es, delegierte Aufträge zurückzunehmen.
- ✔ Wenn Aufträge delegiert sind, überlasse ich dem Mitarbeiter die weitere Ausführung.

10 KONTROLLE SICHERSTELLEN

Mit der Kontrollfunktion schließt sich der Managementregelkreis

Mit der Kontrollfunktion schließt sich der Managementregelkreis – die Kontrolle gibt Aufschluss über den Grad der Zielerreichung und über eventuelle Abweichungen. Damit bildet die Kontrolle zugleich den Ausgangspunkt für das Definieren neuer Ziele und Aktivitäten.

Zwischenkontrolle

In der Zwischenkontrolle geht es darum zu prüfen und zu analysieren, ob auf dem Weg zu den noch in der Zukunft liegenden vorgegebenen oder vereinbarten Zielen

- ein planmäßiges und kontinuierliches Vorwärtskommen feststellbar ist,
- mehr an Schwierigkeiten oder Problemen erkennbar wird, als zunächst angenommen worden war
- sich potenzielle Probleme abzeichnen, die für den noch verbleibenden Zeitraum Risikopotenziale in Bezug auf die Zielerreichung erkennen lassen.

Abschlusskontrolle

In der abschließenden Kontrolle geht es um die Frage, inwieweit zu einem festgelegten Zeitpunkt die angestrebten Ziele

- letztlich genau erreicht wurden oder ob sie
- mit mehr oder weniger großen Abweichungen nur teilweise erreicht wurden oder ob
- mehr als geplant erreicht wurde.

Gründe für Soll-Ist-Abweichungen ermitteln

Bei jeder Abweichung – ob nach oben oder nach unten – muss dann sorgfältig analysiert werden, ob

- die Ziele richtig definiert waren,
- die geplanten Aktivitäten wirklich geeignet waren, das Ziel am besten zu erreichen,
- die vereinbarten Aktivitäten auch planmäßig umgesetzt wurden,
- die Rahmenbedingungen ausreichend berücksichtigt wurden,

- grundlegende Veränderungen oder neue Entwicklungen die Zielerreichung nachhaltig infrage gestellt haben und
- ob es eine rechtzeitige Reaktion auf Veränderungen gegeben hat.

Schon bei der Vereinbarung von Zielen muss der Modus der Kontrolle genau vereinbart und eingeplant werden

Schon bei der Vereinbarung von Zielen muss der Modus der Kontrolle genau vereinbart und eingeplant werden. Das fängt bereits mit dem Festlegen der Messkriterien an. Einfach zu bewerkstelligen ist das überall dort, wo mit Zahlen, Daten und Fakten gearbeitet werden kann. Beispielsweise sind Umsatzzahlen, Erlöse, Kosten, Fehlerquoten, Fehlzeiten, Anzahl von Reklamationen, Bearbeitungs- oder Durchlaufzeiten leicht zu ermitteln und als Grundlage für eine gemeinsame Ermittlung des Zielerreichungsgrades gut geeignet. Allerdings muss sorgfältig geprüft werden, ob die verfügbaren Messkriterien wirklich geeignet sind.

Außerdem muss darauf geachtet werden, dass bei einem System aus mehreren Messkriterien die notwendige Flexibilität nicht auf der Strecke bleibt. Ein heute vielfach zu beobachtender Trend hin zu einer Bewertung der Zielerreichung in der Form, dass bei einer Vielzahl von Zielwerten schon das Verfehlen eines einzigen Kriteriums zu markanter Kritik führt – ohne Rücksicht darauf, dass alle anderen Kriterien erreicht oder sogar überschritten wurden –, führt nur zu Demotivation. Hier gilt es, Augenmaß zu bewahren und den Blick auf die Gesamtrelationen zu richten.

Das Messen von qualitativen Zielen ist schwierig

Wesentlich schwieriger sind natürlich qualitative Ziele zu messen. Nehmen Sie an, Sie sind in einem Unternehmen tätig, das die nachhaltige Verbesserung der Kundenzufriedenheit zu einem wichtigen Ziel erklärt hat. Was würden Sie als Messkriterium wählen, wenn es bisher keine aussagefähigen Zahlen gegeben hatte? An Umsatzzahlen lässt sich Kundenzufriedenheit nicht direkt ablesen; die Anzahl an Reklamationen könnte erste Ansatzpunkte geben. Eine stabile Ausgangsbasis und die Grundlage für Messkriterien hätten Sie beispielsweise dann, wenn Sie zunächst eine Kundenzufriedenheitsanalyse durchführen würden

Messkriterien schaffen

In solchen Situationen ist oft das erste und nahe liegende Ziel, dass man sich zunächst das Schaffen von Messkriterien zum Ziel setzen muss und erst im zweiten Schritt darauf basierende Ziele definieren kann.

PRAXISBEISPIEL:

Der Geschäftsführer einer Werbeagentur möchte mit Zielen führen und hierzu eine professionelle Systematik entwickeln. Sein Hauptaugenmerk liegt auf dem Faktor Kreativität – zu einem wesentlichen Teil soll die Leistung seiner Mitarbeiter künftig am Kriterium Kreativität gemessen werden.

Es zeigt sich, dass zunächst eine weitere Differenzierung des Kriteriums Kreativität Klarheit schaffen muss: Woran erkennt man, dass ein Konzept kreativ war? Beispielsweise daran, dass bestimmte bekannte Standards nicht verwendet werden, dass es keinerlei Ähnlichkeit mit bisherhigen Werbekonzepten aufweist etc. Außerdem wird klar, dass über Kreativität nur dann eine halbwegs neutrale Aussage getroffen werden kann, wenn mehrere Personen eine Beurteilung vornehmen.

Das endgültige Konzept basiert dann auf einer differenzierten Matrix mit Teilaspekten des Begriffs Kreativität, einer Selbsteinschätzung aus Sicht des Mitarbeiters und einer Fremdeinschätzung einer neu gebildeten Arbeitsgruppe »Kreativität«, wobei Selbst- und Fremdeinschätzung zu je 50 Prozent gewertet werden.

Der Coach im Kontrollprozess

Der Coach motiviert die Mitarbeiter zur Selbstkontrolle

Der COACH stellt seine Mitarbeiter auch in die Verantwortung für die Kontrolle – er motiviert sie dazu, sich selbst rechtzeitig um Möglichkeiten zu kümmern, den Fortschritt auf dem Weg zum Ziel zu überprüfen.

Als Coach sorgen Sie dafür, dass Ihre Mitarbeiter über die Zahlen und Informationen verfügen, die sie benötigen, um eine Selbstkontrolle vornehmen zu können. Das heißt einerseits, dass Sie vorhandene oder verfügbare Zahlen frühzeitig und vollständig zur Verfügung stellen, das bedeutet andererseits aber auch, dass Sie das Ermitteln von Daten und das Schaffen von notwendigen Informationssystemen initiieren und realisieren, wenn kein ausreichendes Material zur Verfügung steht.

Als COACH stellen Sie auch sicher, dass Ihre Mitarbeiter rechtzeitig auf Sie zukommen, wenn sich aufgrund der Kontrolle zeigt, dass Zielabweichungen eintreten, die sie nicht ohne weiteres aufholen können.

Die Führungskraft sieht sich als alleiniges Kontrollorgan

Im Gegensatz dazu ist die FÜHRUNGSKRAFT von ihrem Selbstverständnis her selbst das Kontrollorgan. Die Führungskraft schafft sich eine Informationsbasis, aufgrund derer sie in der Lage ist, selbst Kontrollen vorzunehmen, statt den Mitarbeitern die entsprechenden Informationen direkt zur Verfügung zu stellen. Damit handelt sich die Führungskraft einerseits zusätzliche Arbeit ein – andererseits aber auch Widerstände, die entstehen, wenn die Mitarbeiter die Fremdkontrolle als negativ empfinden.

CHECKLISTE »KONTROLLFUNKTION«
für Ihre persönliche Standortbestimmung als Coach:

- ✔ Zu jedem vereinbarten Ziel gibt es eine Erfolgskontrolle.
- ✔ Zu den vereinbarten Zielen gibt es nachvollziehbare und unmissverständliche Messkriterien.
- ✔ Kontrolle wird als Prozess verstanden; auch Zwischenziele und Meilensteine werden überprüft.
- ✔ Die Mitarbeiter verstehen Selbstkontrolle als notwendiges Element.
- ✔ Ich habe aktuellen Einblick in den Grad der Zielerreichung.
- ✔ Ich werde bei Abweichungen frühzeitig informiert.
- ✔ Meine Mitarbeiter empfinden Kontrolle als hilfreiche Unterstützung.

11 EINE WIRKUNGSVOLLE FEEDBACK-KULTUR SCHAFFEN

Coaching ist ohne eine konstruktive Feedback-Kultur undenkbar. Im Mittelpunkt des Coachingprozesses steht die Bereitschaft und die Fähigkeit des Coaches Feedback zu geben aber auch Feedback anzunehmen, um damit in der eigenen Rolle offen für permanente Optimierung zu bleiben.

»Feedback« gehört zunehmend zum gängigen Sprachgebrauch in allen größeren Unternehmen. Bei genauerem Hinsehen oder Nachfragen wird allerdings oft deutlich, dass es doch recht unterschiedliche Interpretationen dieses häufig verwendeten und gängigen Begriffs gibt.

Nehmen wir die folgende Definition als gedanklichen Hintergrund für Feedback im beruflichen Kontext:

Feedback ist eine Rückmeldung an eine Person über Wirkungen, die deren Verhalten und deren Leistung bei dem Anderen bewirkt haben.

Das »Johari-Fenster«: Strukturhilfe für das Feedback

Joe Luft und Harry Ingham haben mit dem »Johari-Fenster« zum Konzept des Feedback eine wichtige Strukturhilfe geliefert – diese Darstellung gilt schon als »Klassiker« und ist vielen schon irgendwann einmal präsentiert oder erläutert worden. Nichtsdestoweniger hier noch einmal das Modell und einige Erläuterungen dazu.

Es lässt sich beobachten, dass sich die Qualität der Zusammenarbeit erheblich verbessert, wenn die Möglichkeit genutzt wird, anderen mithilfe des Feedback mehr Transparenz über die eigenen Wünsche, Vorstellungen und Reaktionen zu geben. Damit erhalten die Beteiligten ihrerseits wiederum Aufschluss über die Wirkung ihres Verhalten und ihrer Motivation. So kann man sich schließlich auf der Basis gegenseitiger Akzeptanz so weit aufeinander einstellen, dass ein konstruktives Zusammenwirken mit einer hohen Qualität entsteht.

Im Johari-Modell geht es daher um die Frage, inwieweit bestimmte Verhaltensweisen und die dahinter steckende Motivation einem selbst bekannt bzw. bewusst sind und inwieweit sie anderen bekannt sind.

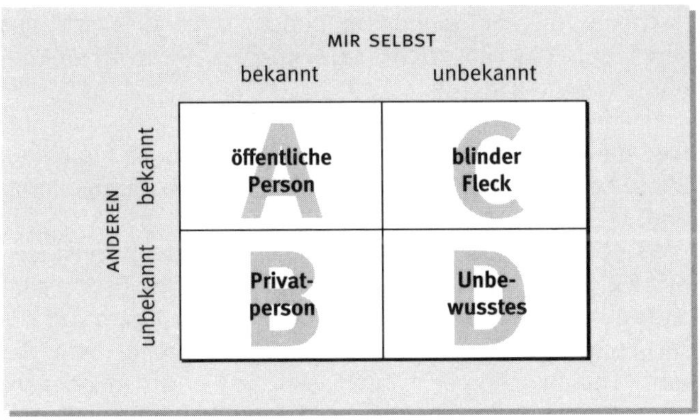

Abb. 10.1: Feedback-Verhalten und -Motivation nach dem »Johari-Fenster«

Das durch diese beiden Sichtweisen entstehende »Fenster« weist vier Felder auf, die wieder an einem kurzen Beispiel erläutert werden sollen:

Ein Mitarbeiter führt nach der Mittagspause regelmäßig ein fest terminiertes Gespräch mit seinem Vorgesetzten.

In der Mittagspause hat dieser Mitarbeiter einen früheren Kollegen getroffen, der ihm vorschlug, sich doch ebenfalls bei dem Unternehmen zu bewerben, in dem er seit einem Jahr erfolgreich tätig ist. Derzeit suche man dort intensiv jemandem mit seiner Qualifikation. Sein Chef habe ihn beauftragt, die Augen offen zu halten und nach geeigneten Kandidaten zu suchen.

Als er nun in das Gespräch mit seinem Vorgesetzten geht, beschäftigt den Mitarbeiter diese sich ihm bietende Gelegenheit natürlich – das Angebot hört sich einfach sehr verlockend an.

Feld A: »öffentliche Person«

Das Feld A wird als »öffentliche Person« bezeichnet. Hier sind einem selbst das eigene Verhalten und die eigene Motivation bekannt und auch andere nehmen das gleichermaßen und weitgehend identisch wahr.

In diesem Sinne würde der Mitarbeiter seinem Vorgesetzten offenbaren, dass er in der Mittagspause ein interessantes Gespräch geführt habe, das ihn gedanklich im Moment sehr stark beschäftige, da es um eine berufliche Chance in einem anderen Unternehme ginge. An sich stehe für ihn im Moment ein Wechsel überhaupt nicht zur Debatte – das überraschende Angebot ginge ihm jedoch im Moment nicht aus dem Kopf. Deshalb könne es sein, dass er etwas unkonzentriert wirken würde.

Feld B: »Privatperson«

Das Feld B wird als »Privatperson« beschrieben. Hier stecken die Verhaltensweisen und Motivationen, die nur einem selbst bekannt sind und die für andere nicht wahrnehmbar sind.

In Bezug auf obiges Beispiel wäre im Feld B beispielsweise einzuordnen, wenn der Mitarbeiter dieses Thema sehr professionell »wegstecken« und sich voll und ganz auf die Besprechung konzentrieren könnte, obwohl ihn die sich bietende Option schon sehr interessiert und er der Angelegenheit auf jeden Fall nachgehen wird. Der Mitarbeiter weiß nun zwar, dass ihn ein wichtiges Thema stark beschäftigt, ist jedoch voll und ganz in der Lage, sich nichts anmerken zu lassen – sein Verhalten gibt auch keinerlei Anlass für den Vorgesetzten, irgendeine Veränderung wahrzunehmen.

Feld C: »blinder Fleck der Selbstwahrnehmung«

Hochinteressant ist das Feld C – der so genannte »blinde Fleck der Selbstwahrnehmung«. Dieses Feld umfasst alle Verhaltensweisen und Motivationen, die andere an uns wahrnehmen, ohne dass sie uns dagegen bewusst sind und ohne dass wir es selbst wahrnehmen.

Wieder auf die eingangs beschriebene Situation bezogen: Der Mitarbeiter ist mit seinem Vorgesetzten im Gespräch und hat keinen Hinweis darauf gegeben, dass er durch ein anderes für ihn persönlich wichtiges Thema abgelenkt ist. Aus dem Gesprächsverlauf her wird dem Vorgesetzten allerdings deutlich, dass der Mitarbeiter manchmal nicht zuhört, denn er stellt mehrfach Fragen zu Dingen, die bereits besprochen waren. Außerdem schaut er öfters auf die Uhr und macht einen eher zerstreuten Eindruck.

Die Wirkung dieses Verhaltens auf den Vorgesetzten ist zuerst etwas irritierend, dann aber zunehmend negativ – er verliert die Lust, immer wieder Dinge mehrfach erläutern zu müssen; bei ihm verstärkt sich der Eindruck, dass das Thema aus Sicht des Mitarbeiters gar nicht wichtig ist.

Diese Wirkungen hat der Mitarbeiter vermutlich überhaupt nicht beabsichtigt. Er seinerseits merkt allerdings, dass der Tonfall des Vorgesetzten zunehmend gereizt wird, kann sich allerdings der Grund dafür nicht erklären.

Wenn das Gespräch so weiter läuft, gehen letztlich beide aus dem Gespräch und sind sowohl mit dem Inhalt als auch mit dem Ergebnis unzufrieden. Keiner weiß, worauf das Verhalten des Anderen beruht – beide werden sich wahrscheinlich eine subjektive Interpretation für dessen unverständliches Verhalten zurechtlegen.

Den Beteiligten Kommunikationsprozesse transparent machen

Wenn sich nun beispielsweise der Vorgesetzte entschließen würde, den Mitarbeiter auf sein Verhalten und dessen Wirkung anzusprechen, wäre es für beide von Vorteil: Der Mitarbeiter würde erfahren, wie er seine Akzeptanz beim Vorgesetzten verbessern kann – der Vorgesetzte würde einen Beitrag dazu leisten, dass seine Schwierigkeit in der Führung des ihm wichtigen Gesprächs offenbar wird. So könnte entweder das Gespräch konzentrierter weitergehen oder man würde sich darauf einigen, es auf einen günstigeren Zeitpunkt zu vertagen.

Folgendes Feedback des Vorgesetzten könnte dementsprechend die Situation auflösen:

Herr XY, mir fällt auf, dass ich manche Sachverhalte auf Ihre Rückfragen hin mehrfach geschildert habe. Ich hatte auch den Eindruck, dass sich manche Ihrer Fragen wiederholen. Ich frage mich, woran es liegt, dass Sie im Moment offensichtlich Schwierigkeiten haben, sich auf das Gespräch so zu konzentrieren, wie es die Thematik erfordert. Was ist Ihre Meinung dazu – wie können wir zu einem guten Gesprächsergebnis kommen?

Leider ist es in der Praxis noch nicht so weit verbreitet, dass solche Feedback-Schleifen in Gesprächen zur Selbstverständlichkeit – zur Kultur – gehören. Eher ist es oft beispielsweise so, dass die Mitarbeiter insgeheim eine Strichliste über die Anzahl der »äh's« in einer Präsentation ihres Vorgesetzten oder Kollegen machen, anstatt ihn einmal auf diese Eigenart hin anzusprechen.

Und natürlich gibt es noch das Feld D – der Bereich des Unbewussten und Unbekannten. Dieses Feld spielt jedoch in diesem Zusammenhang keine Rolle; hier geht es um Tiefenpsychologie, die in der Regel im beruflichen Alltag keinen Raum haben wird.

Feedback-Schleifen helfen Missverständnisse und Irritationen zu vermeiden

Ein Mitarbeiter betritt Ihr Büro, obwohl Sie gerade die Tür geschlossen hatten, um in Ruhe eine wichtige Arbeit fertig zu stellen. Er legt eine soeben fertig gestellte Aufgabe auf Ihren Schreibtisch, bleibt in Ihrem Büro stehen und bittet Sie, sich den Vorgang mal kurz anzuschauen und ihm zu sagen, ob das so in Ordnung ist.

Sie haben im Moment eigentlich keine Zeit und sind etwas ungehalten über die Störung, aber Sie überfliegen das Schriftstück kurz und kommentieren es in gequältem Tonfall mit einem »Ich komme schon auf Sie zu!«. Der Mitarbeiter dreht sich abrupt um, verlässt Ihr Büro und schließt die Tür etwas lauter als sonst.

In dieser kurzen Sequenz aus dem Führungsalltag stecken einige Ansätze und Situationen für das Feedback im Arbeitsprozess:

- Der Mitarbeiter bittet um ein Feedback zu seiner Leistung.
- Sie als Vorgesetzter können dem Mitarbeiter ein Feedback zur Qualität seiner Arbeit geben.
- Sie können ihm ein Feedback zu seinem Verhalten in der Situation geben
- Der Mitarbeiter könnte wiederum Ihnen zur Ihrem Verhalten in Bezug auf das Annehmen seiner Arbeit ein Feedback geben.

Hier hat es zu allen diesen Aspekten Feedback gegeben – allerdings überwiegend in unkonkreter, impliziter Form. Der Mitarbeiter kann Ihr ungeduldiges Verhalten nur interpretieren – die Interpretation kann in verschiedenste Richtungen gehen, von *»Er hat heute schlechte Laune«* über *»Er hat nie Zeit für seine Mitarbeiter«* bis zu *»Gerade für mich hat er nie Zeit – wahrscheinlich hat er etwas gegen mich!«*

Besser wäre für alle Beteiligten ein klares Feedback, denn erst mit einem klaren Feedback wäre die Grundlage für Transparenz und Klarheit einerseits und für sinnvolle und notwendige Veränderungen andererseits geschaffen.

Klarheit und Transparenz gehören für den Coach zu den grundlegenden Elementen seines Führungsverständnisses

Klarheit und Transparenz gehören für den Coach zu den grundlegenden Elementen seines Führungsverständnisses. Diese Transparenz würde der Coach in der Beispielsituation etwa dadurch bewirken, dass er dem Mitarbeiter sagt: *»Ich hatte die Tür bewusst geschlossen, weil ich nur noch eine halbe Stunde Zeit habe, um ein wichtiges Angebot fertig zu stellen – deshalb muss ich Sie bitten, in einer halben Stunde wieder zu kommen – außerdem; wenn die Tür zu ist, dann bitte Störungen nur in wirklich unaufschiebbaren Dingen.«*

Ein selbstsicherer und kritikfähiger Mitarbeiter würde Ihnen dann möglicherweise im Sinne eines Feedback sagen: *»Ich hatte Sie so verstanden, dass ich sofort mit der fertigen Ausarbeitung zu Ihnen kommen sollte, wenn ich fertig bin – im Moment habe ich aber eher den Eindruck, dass Ihnen diese Arbeit doch nicht besonders wichtig erscheint.«*

stabile und vertrauensvolle persönliche Beziehungen zwischen Vorgesetzten und Mitarbeitern

Eine solche Feedback-Kultur bietet die Grundlage für ein besseres und konstruktiveres Miteinander – hier bezogen auf das berufliche Metier. Neben Klarheit auf der sachlichen und arbeitsbezogenen Ebene entstehen durch eine positive Feedback-Kultur auch stabile und vertrauensvolle persönliche Beziehungen zwischen Vorgesetzten und Mitarbeitern als eine tragfähige Grundlage für gemeinsame gute Leistungen und für gemeinsame überdurchschnittliche Erfolge. So kann jeder seine Energien in seine Aufgaben investieren anstatt in persönliche Differenzen und Streitigkeiten. Also steckt auch in der Feedbackkultur der Ansatz des »energiesparenden Führens«. Weil man die positiven Wirkungen von Feedback schon lange erkannt hat, bekennen sich viele Unternehmen zu einer Feedback-Kultur.

11.1 Coaching basiert auf einer qualitativ hochwertigen Feedback-Kultur

Der Ansatz des Coaching ist ohne eine konstruktive und tragfähige Feedback-Kultur undenkbar. Feedback ist eines der zentralen Instrumente der Führung; im Coachingprozess steigen die Anforderungen an Feedback. Während es sich unter dem Aspekt des Führens oftmals auf Anerkennung und Kritik am einzelnen Arbeitsergebnis oder an den Ergebnissen längerer Arbeitsperioden beschränkt und insbesondere als Instrument zur Führung der Mitarbeiter gesehen wird, erhält Feedback im Coachingprozess eine höhere Qualität:

Feedback erhält im Coachingprozess eine höhere Qualität

- Es ist ganzheitlich: Über die Reflexion der erbrachten Leistungen und das leistungsbezogenes Verhalten hinaus erfasst es die Persönlichkeit des Mitarbeiters, seine Fähigkeiten, Potenziale und Überzeugungen.
- Es ist klar und prägnant: Klar definierte Anforderungen und Kriterien bilden die Grundlage für Feedback über positive oder negative Abweichungen.
- Es ist ausgewogen: Sowohl die positiven als auch die kritischen Aspekte werden angesprochen.
- Es ist tendenziell positiv: Die Erfolge und Potenziale stehen im Vordergrund.
- Es ist konsequent: Klare Vereinbarungen und deren Einhaltung sind ein wichtiges Instrument des Coaching; die Nichteinhaltung von Vereinbarungen muss geklärt werden, bevor der Coachingprozess weitergehen kann.
- Es ist angemessen: Die Bereitschaft und Fähigkeit des Mitarbeiters, Feedback anzunehmen und zu verarbeiten bilden den jeweiligen Handlungsrahmen.
- Es ist systemisch angelegt: Der Coach nimmt im Feedback-Prozess ebenfalls Feedback zu seinem Verhalten auf und orientiert sein Coachingverhalten daran.

Bewerten Sie die Qualität der Feedback-Kultur in Ihrem Verantwortungsbereich

Die Qualität der Feedback-Kultur in Ihrem Verantwortungsbereich können Sie dadurch auf den Prüfstand stellen, dass Sie für sich die folgenden Fragen beantworten. Gehen Sie dabei so vor, dass Sie überall da ein Nein ankreuzen, wo Sie nicht aus voller Überzeugung mit Ja antworten können:

WIE IST IHRE FEEDBACK-KULTUR?

	JA	NEIN
Ich gebe situativ Feedback bei guten Leistungen.	❑	❑
Ich gebe situativ Feedback bei Fehlern.	❑	❑
Mein Feedback ist ausgewogen.	❑	❑
Ich gebe generell Feedback zur Standortbestimmung.	❑	❑
Meine Mitarbeiter nehmen mein Feedback an.	❑	❑
Ich erhalte von Mitarbeitern offenes Feedback.	❑	❑
Mitarbeiter geben mir auf Wunsch ehrliches Feedback.	❑	❑
Ich nehme Feedback offen auf.	❑	❑
Ich versuche aus Feedback für mich Veränderungen abzuleiten.	❑	❑
Ich äußere auch, wenn ich im Feedback geäußerte Wünsche nicht erfüllen will.	❑	❑

Durch Ankreuzen dieses Fragebogens können Sie allerdings nur Ihre eigene Sichtweise reflektieren. Noch aussagefähiger und damit auch spannender wird es, wenn Sie Ihre Mitarbeiter bitten, die Fragen zu beantworten. Dieses Feedback zur Feedback-Kultur wird Ihnen noch mehr Sicherheit und Aufschluss über die Gegebenheiten verschaffen.

Mit positivem Feedback bestätigen und anerkennen

Feedback bewirkt immer etwas. Selbst das unbewusste Feedback – also Ihr Stirnrunzeln auf einen Vorschlag Ihres Mitarbeiters – beeinflusst diesen. So kann sich sein aktuelles Verhalten zum Beispiel in der Form ändern, dass er seinen Vorschlag zurückzieht, weil er Ihre Mimik als Skepsis interpretiert.

Aber auch das künftige Verhalten kann sich ändern, wenn er beispielsweise beschließen würde, künftig die Lösungsvorschläge Ihnen als Vorgesetztem zu überlassen, weil er Ihnen gegenüber den Eindruck hat, dass Sie seinen Vorschlägen kritisch gegenüberstehen.

Bewusst eingesetztes Feedback gibt Ihnen die Möglichkeit, Wirkungen in einer ganz bestimmten Richtung anzustreben. Allerdings ohne Erfolgsgarantie. Bedenken Sie bitte: Feedback ist kein Instrument der Macht oder des Zwangs – Feedback setzt auf Akzeptanz und auf eine gewisse Gelassenheit, also überwiegend auf weiche Faktoren. Feedback ist auch kein Patentrezept, das unter Zeitdruck für schnellste Veränderungen sorgt – Feedback basiert darauf, dass Veränderungsbereitschaft wachsen muss und dass Veränderungen Zeit brauchen, weil sie oft an jahrelang erprobten Verhaltensmustern ansetzen.

Die Notwendigkeit dieser einen Richtung des Feedback wird oft unterschätzt. Das bestärkende und bestätigende Feedback setzt an Situationen an, in denen bestimmte Verhaltensweisen eines Mitarbeiters bei Ihnen eine positive Reaktionen hervogerufen haben: Freude über einen Leistungserfolg, Bestätigung seiner Fähigkeiten, Erleichterung über das Bewältigen einer schwierigen Situation – um nur einige zu nennen.

Auch Stärken sollten thematisiert werden

»Wozu soll ich denn Dinge ansprechen, die sowieso gut gelaufen sind – für die Mitarbeiter ist es doch viel wichtiger zu wissen, wo ihre Schwächen liegen, damit sie daran arbeiten können« – so denken manche Führungskräfte. In Seminaren kann ich immer wieder feststellen, dass auf die Frage nach den Zielen für ein Seminar häufiger die Antwort kommt: *»Ich möchte mehr über meine Schwächen erfahren«* als umgekehrt der Wunsch, dass jemand mehr über seine Stärken wissen möchte.

Vom Grundsatz her ist es sicher richtig, dass man jemandem, der absolut selbstsicher ist, nichts mehr über seine Stärken sagen muss. Die Frage ist nur, ob die Selbstsicherheit nur eine gut eingeübte äußerliche Fassade ist oder ob sie wirklich von innen kommt und echte Souveränität auf der Basis einer ausgeprägten Fähigkeit zur Selbstreflexion dahinter steht.

Ein weiterer Hintergrund dafür, dass positives Feedback oft zu kurz kommt, ist sicherlich die Tatsache, dass natürlich eine anforderungsgerechte Leistung auch erwartet werden kann. Ein ehrlich gemeintes positives Feedback wirkt hier allerdings zusätzlich motivierend – mit geringem Aufwand können Vorgesetzte eine positive Wirkung erreichen.

Gerade weil es einen deutlichen Trend gibt, mehr über Schwächen und Fehler zu sprechen, ist es wichtig, auch den bestätigenden und bestärkenden Gedanken des positiven Feedback umzusetzen. Führungskräfte räumen freimütig ein, dass sie häufiger Kritik äußern als Anerkennung.

Wer als Vorgesetzter durch ehrlich gemeintes und konkretes Feedback immer wieder auch einmal eine Bestätigung gibt, wird erleben, dass die gemeinsame Arbeit auf der Basis einer stabilen persönlichen Beziehung konstruktiv und für beide Seiten erfolgreich gestaltet werden kann. So kann sich eine Feedback-Kultur entwickeln, in der auch Sie von Ihren Mitarbeitern konkrete positive Rückmeldungen über Ihr Führungsverhalten bekommen – und damit ein präziseres Bewusstsein über Ihre Stärken in der Führungsaufgabe entwickeln können.

Mit kritischem Feedback Korrekturen initiieren

Gerade wenn Sie sich als Coach Ihrer Mitarbeiter verstehen, ist natürlich die spannende und herausfordernde Seite des Feedback die Rückmeldung über Verhaltensweisen und Motivationen, die aus Ihrer eigenen Sicht nicht in Ordnung sind. Das Feedback also, mit denen Sie im Sinne einer Korrektur auf kleine Veränderungen, auf eine Optimierung abzielen oder das Feedback, mit dem Sie im Sinne einer Kritik deutlichere und nachhaltigere Veränderungswünsche ansprechen.

Bemühen Sie sich um eine möglichst neutrale Sichtweise

Ausgangspunkt dieses Feedback ist zunächst einmal die eigene Sichtweise, die bekanntlich nur bedingt neutral oder gar objektiv ist und stattdessen eher subjektive Elemente enthält. Gerade deshalb ist eine entscheidende Grundlage für die Akzeptanz des Feedback beim Empfänger, dass Sie sich vorher um eine möglichst neutrale Sichtweise bemüht haben. Gerade in Konfliktsituationen neigen wir ja zu Übertreibungen *(... jedes Mal wird an meinen Formulierungen etwas geändert ...)* und zu absoluten Ansprüchen *(... ich erwarte, dass mir niemand in meine Kompetenzen hineinredet ...)*. Vorsicht – hier lauert Gefahrenpotenzial – zumindest was die Akzeptanz des Feedback und die Bereitschaft des Anderen anbelangt, eine andere Richtung einzuschlagen.

Jedes konstruktive Feedback enthält Wünsche oder Vorschläge in Bezug auf die erhofften oder erwarteten Veränderungen. Berücksichtigen Sie hierbei auch die Frage der Machbarkeit. Gerade Veränderungen im Verhalten oder sogar in den Grundeinstellungen können üblicherweise nur in kleinen Schritten realisiert werden. Mark Twain hat hierzu ein treffendes Zitat geliefert: *»Eine schlechte Angewohnheit kann man nicht einfach zum Fenster hinauswerfen – man muss sie Stufe für Stufe die Treppe hinunterlocken.«*

Eine Verhaltensänderung muss im Bereich des Möglichen liegen

Die Machbarkeit zu berücksichtigen, heißt unter anderem der Frage nachzugehen, ob die gewünschte Veränderung in einem Verhalten den Feedback-Empfänger nicht überfordert, ob der erwartete Schritt nicht zu groß ist. Besser ist es in der Regel, immer wieder kleinere Veränderungen anzustreben. Auch hier wieder ein kleines Zitat aus dem fernen Osten: *»Jede Reise fängt mit dem ersten Schritt an – dessen Richtung ist entscheidend – nicht die Größe des Schritts«.*

11.2 Feedback geben – Mut zum kalkulierten Risiko

Keine Frage, dass die Methode des Feedback auch ihre Tücken und Risiken enthält. Wer sich dieser Risiken bewusst ist, wird wohl in der Lage sein, die Mehrzahl der Fettnäpfchen von vornherein zu vermeiden. Alle Risiken auszuschließen wird kaum möglich sein – wer nichts wagt, kann auch nichts gewinnen.

die eigenen Vorstellungen sorgfältig gegen die gegebenen Spielregeln abwägen

Wer ein Feedback gibt, sagt damit auch etwas über seine persönlichen Einstellungen und Vorstellungen. Er gibt einiges von sich preis und lässt damit auch erkennen, wo er selbst angreifbar ist. Deshalb ist es wichtig, die eigenen Vorstellungen sorgfältig gegen die gegebenen Spielregeln und die Unternehmensphilosophie oder sonstige generelle Messkriterien abzuwägen. Ein kritisches Feedback über die Art und Weise der Besprechungsleitung durch einen Mitarbeiter ist dann abgesichert, wenn es gedanklich auf der Grundlage eines akzeptierten Konzepts erfolgt. Wenn Sie beispielsweise ein Seminar zum Thema Besprechungen und Konferenzen besucht haben und anschließend als Feedback-Ggeber sich mit Ihren Vorschlägen auf Erfahrungen und Erkenntnisse aus dem Seminar berufen, geht Ihr Feedback über persönliche Einstellung hinaus und bekommt eine neutralere Qualität.

Trotzdem: versuchen Sie nicht, Feedback zu stark zu versachlichen und zu neutralisieren – damit geht auch etwas von der möglichen Wirkung verloren. Achten Sie darauf, dass die persönlichen Wertungen und Befindlichkeiten, die Sie in Ihr Feedback einfließen lassen, sich in einem Rahmen bewegen, durch den Sie sich nicht unnötig outen. Reden Sie über Befindlichkeiten, nicht über Empfindlichkeiten. Prüfen Sie deshalb, warum Sie mit bestimmten Verhaltensweisen Ihres Mitarbeiters Probleme haben.

Reden Sie über Befindlichkeiten nicht über Empfindlichkeiten

Haben Sie aber auch den Mut, zu Ihren Gefühlen zu stehen. Wenn Sie sich über etwas ärgern, wird ein Feedback wenig wirkungsvoll sein, indem Sie zum Ausdruck bringen, dass Sie etwas irritiert waren. Authentitizität ist wichtig – die Dinge und insbesondere auch die Gefühle beim richtigen Namen nennen. Gerade auf der Gefühlsebene liegt oft die eigentliche Wirkung.

Feedback kann als Reaktion durchaus Gegenwehr herbeiführen, auch ohne dass Sie einen erkennbaren Anteil daran haben. Wenn Sie sich dessen bewusst sind und mit der Gegenwehr souverän umgehen können, haben Sie ein weiteres Risikopotenzial im Griff. Wichtig ist es, sich bewusst zu machen, dass Gegenwehr immer ein Zeichen für ein Ungleichgewicht ist. Beispielsweise ist es für einen Mitarbeiter ungleich schwieriger, ein Feedback im Rahmen einer Teambesprechung zu akzeptieren – womöglich noch in der Form, dass mehrere Mitarbeiter den gleichen Sachverhalt kritisch ansprechen – als wenn dieses Feedback unter vier Augen in entspannter Atmosphäre erfolgt. Gerade der Coach ist in der Lage, Gegenwehr zunächst als ein Signal zu sehen, dass die Bereitschaft zum Annehmen des Feedback gering ist – er lässt ein Feedback gegebenenfalls auch einfach mal im Raume stehen, ohne auf Konsens oder Akzeptanz zu insistieren und nutzt eine günstigere Gelegenheit, um das Thema noch einmal konstruktiv aufzugreifen.

Gegenwehr ist immer ein Zeichen für ein Ungleichgewicht

Oft lässt sich übrigens feststellen, dass trotz einer momentanen Gegenwehr später doch der aus einem Feedback heraus gesetzte Impuls Wirkung zeigt und der Feedback-Empfänger bestimmte Veränderungen initiiert. Manchmal gibt es einfach situativ bestimmte Sperren, die es ihm schwer machen, offen die eigene Veränderungsbereitschaft zu signalisieren.

Deshalb auch hier noch einmal der gerade für den Coach wichtige Gedanke, dass eine gewisse Portion Gelassenheit für seine Funktion als Feedback-Geber eine gute und hilfreiche Grundlage darstellt.

11.3 Struktur ist wichtig – Elemente des Feedback

Wer durch Feedback die Grundlage für eine vertrauensvollere Zusammenarbeit legen möchte, ist gut beraten, wenn er dabei einige Spielregeln einhält. Diese Spielregeln sollen dem Feedbackgeber einerseits helfen, sein Feedback so zu formulieren, dass es für den Feedbackempfänger verständlich und akzeptabel ist. Andererseits sollen die Spielregeln dem Feedbackempfänger Hinweise geben, wie er viel aus einem Feedback ableiten kann und wie er dafür sorgen kann, ehrliches und konstruktives Feedback zu erhalten. Letztlich also Mittel und Wege, um eine Feedback-Kultur zu entwickeln und zu unterstützen.

Reihenfolge der Elemente eines akzeptablen Feedback

Wenn Sie als Coach anderen ein wirkungsvolles und akzeptables Feedback geben wollen, sollten Sie darauf achten, dass Ihr Feedback die folgenden Elemente möglichst in der angegebenen Reihenfolge enthält:

1. DIE GENAUE UND WERTNEUTRALE BESCHREIBUNG DER WAHRNEHMUNG, AUF DIE SIE SICH BEZIEHEN WERDEN.
   Dies an den Anfang zu stellen ist wichtig, damit der Feedback-Empfänger sich inhaltlich einstellen und seine Aufmerksamkeit fokussieren kann. An dieser Stelle noch keine Bewertung vorzunehmen ist ebenfalls wichtig, damit beim Feedback-Empfänger kein Widerstand ausgelöst wird.
2. DIE REAKTION, DIE DIESE WAHRNEHMUNG BEI IHNEN AUSGELÖST HAT.
   Diese Reaktionen wiederum können drei Richtungen haben:
   a) Fragen die sich für Sie ergeben haben,
   b) Gefühle, die aufgrund der Wahrnehmung bei Ihnen entstanden sind,
   c) Folgerungen, die Sie angestellt haben.
3. WÜNSCHE, DIE SIE AN DEN ANDEREN HABEN ODER KONSEQUENZEN, DIE SICH DARAUS AUS IHRER SICHT ERGEBEN KÖNNEN.

Formulierungsbeispiele

Sie sind sich bei einem Mitarbeiter nicht sicher, ob er mit der kürzlich an ihn delegierten Zusatzaufgabe wirklich zufrieden ist und sich der Aufgabe gewachsen fühlt:

(1) *»Als ich Ihnen vorgestern die Aufgabe gegeben habe, die Kundenzufriedenheitsanalyse auszuwerten, hatten Sie das mit dem Kommentar ›Ich weiß zwar noch nicht, wo ich die Zeit hernehmen soll‹ übernommen.*

(2) *(2a) Ich möchte gerne wissen, ob Sie diese Aufgabe wirklich akzeptieren und termingerecht erledigen werden und ob Sie damit wirklich zufrieden sind, (2b) denn ehrlich gesagt, hat mich Ihr Kommentar irritiert und verunsichert.*

(3) *Mir ist Transparenz und Aufgabenklarheit wichtig, deshalb möchte ich von Ihnen ein klares Ja oder im Zweifel auch mal ein klares Nein erhalten, wenn Sie sich Aufgaben – sei es aus zeitlicher Sicht oder mit Blick auf die Inhalte – nicht hundertprozentig zutrauen.«*

Sie möchten einen Mitarbeiter dazu bewegen, von sich aus mehr und sicherer selbst zu entscheiden:

(1) *»Beim Projekt XY hatte ich Ihnen viel Entscheidungsspielraum bezüglich der Vorgehensweise gelassen. Trotzdem haben Sie mich in vielen Detailfragen um eine Entscheidung gebeten.*

(2) *(2a) Daraus schließe ich, dass Sie sich in Ihrem Entscheidungsverhalten noch unsicher sind und bin (2b) doch enttäuscht darüber, weil Sie Aufgaben dieser Art schon seit bald einem Jahr bearbeiten.*

(3) *Nachdem wir uns ja auch einig waren, dass bisherige Ergebnisse sehr gut waren, möchte ich mit Ihnen absprechen, wo Sie künftig generell selbst entscheiden werden, ohne vorher mit mir Rücksprache zu nehmen.«*

11.4 Wenn Sie Feedback geben: Spielregeln sind wichtig

»Do the right things right the first time« lautet ein Tipp in Bezug auf Effektivität. Wenn Sie wichtige Dinge schon beim ersten Mal richtig machen, praktizieren Sie ebenfalls energiesparendes Verhalten. Feedback ist eines der wichtigsten

Instrumente im Coachingprozess, deshalb sollten Sie hier Ihren Schwerpunkt legen und von vornherein richtig agieren. Einerseits geht es um die Frage, worauf Sie achten sollten, wenn Sie jemandem – insbesondere im Verständnis dieses Buches als Coach Ihrem Mitarbeiter – ein konstruktives und wirkungsvolles Feedback geben wollen. Vorausgesetzt Sie halten die im vorigen Kapitel vorgeschlagene Struktur ein, haben Sie schon den ersten Teil der Voraussetzungen geschaffen, die wichtig dafür sind, dass das Feedback auch inhaltlich richtig ankommt und von der Sache her verstanden wird.

Das Einhalten der folgenden weiteren Spielregeln wird in der Regel die Grundlage dafür bieten, dass Ihr Gesprächspartner auch wirklich bereit ist, sich mit dem im Feedback enthaltenen Veränderungswunsch konstruktiv zu befassen. Hier geht es also stärker um die emotionale Ebene und um die Motivation zur Veränderung. Und natürlich sind diese Regeln besonders da wichtig, wo Sie mit dem Feedback darauf abzielen, dass Ihr Mitarbeiter künftig etwas nachhaltig anders machen soll als bisher.

Achten Sie deshalb auf die Einhaltung folgender Regeln:

So erzielt Ihr Feedback die gewünschte Wirkung

- Sorgen Sie dafür, dass das Feedback-Gespräch ohne äußere Störungen stattfinden kann.
- Stellen Sie sicher, dass das Gespräch unter vier Augen stattfindet.
- Achten Sie darauf, ob Ihr Mitarbeiter auch innerlich bereit ist, sich auf ein Feedback einzulassen. Wer unter Zeitdruck steht, wird sich nur schwer auf ein Feedback-Gespräch einstellen können – ebenso, wenn gerade andere wichtige Themen die volle Aufmerksamkeit beanspruchen.
- Versuchen Sie, eine möglichst hierarchiefreie Atmosphäre zu schaffen – beispielsweise das Gespräch in einer Besprechungsecke zu führen statt den Mitarbeiter vor Ihrem Schreibtisch Platz nehmen zu lassen.
- Achten Sie generell auf die Sitzposition – wenn Sie sich gewissermaßen »Auge in Auge« gegenüber sitzen, kann

das eher unnötige Konfrontationen hervorrufen, als wenn die Sitzposition einen 90-Grad-Winkel darstellt.

- Berücksichtigen Sie das richtige Timing: Wenn Sie sich über ein Vorkommnis massiv geärgert haben, wird es nicht sinnvoll sein, das Feedback aus dem ersten Ärger heraus sofort zu führen. Da kann es sinnvoll sein, erst mal Abstand zu gewinnen und beispielsweise zunächst einmal »darüber zu schlafen«.
- Führen Sie Gespräche in einem zeitlichen Zusammenhang mit dem Feedback-Inhalt. Wenn Sie zu lange warten, ist die Situation, auf die Sie sich beziehen wollen, vielleicht für den Mitarbeiter schon zu weit weg, als dass er noch etwas damit anfangen kann. Und auch für Sie selbst hat sich die Bedeutung vielleicht schon zu stark relativiert.
- Verwenden Sie die so genannten Ich-Aussagen statt der konfliktfördernden und angreifenden Du-Botschaft: Formulieren Sie beispielsweise *»Ich habe mich maßlos geärgert«* statt Ihren Gesprächspartner mit einem *»Sie haben mich geärgert«* zu attackieren. Oder *»Mir sind frühzeitige Informationen wichtig«* anstatt *»Sie sollten mich und Ihre Kollegen früher informieren!«*
- Formulieren Sie positiv und berücksichtigen Sie dabei, dass in jedem Verhalten eine Stärke steckt. Wenn Sie mit unüberlegten Ad-hoc-Entscheidungen Ihres Mitarbeiters Probleme haben, könnten Sie beispielsweise formulieren: *»Sie haben gestern entschieden, an der Projektsitzung zum Projekt XY nicht teilzunehmen, weil Sie anderen Aufgaben höhere Priorität eingeräumt haben. Ich finde es grundsätzlich gut, dass Sie meist sehr schnell und spontan Entscheidungen treffen und dass Sie darauf achten, dass bei Ihnen keine Rückstände entstehen. In diesem Fall hätte ich jedoch auf jeden Fall erwartet, dass Sie mich vorher über Ihre Situation informieren, da dieses Projekt für mehrere Abteilungen von höchster Wichtigkeit ist und Ihr Nichterscheinen für die vier Kollegen und für das Projekt Zeitprobleme verursacht hat.«*
- Scheuen Sie sich nicht, auch den »eigenen Anteil« ins Gespräch einfließen zu lassen und auch eigene Fehler oder Versäumnisse anzusprechen – beispielsweise im

vorausgegangenen Beispiel noch zu ergänzen: *»Sicher hätte ich gestern selbst noch deutlicher sagen können, dass diese Aufgabe aus meiner Sicht höchste Priorität haben muss.«*

- Orientieren Sie sich an der Persönlichkeit Ihres Gesprächspartners und achten Sie einerseits darauf, wieviel an Feedback er aufnehmen kann und andererseits, in welcher Art und Weise er es am besten annimmt.
- Beziehen Sie sich im Feedback-Gespräch generell auf wenige Sachverhalte, bei zu vielen Punkten besteht die Gefahr, dass Ihr Gesprächspartner sich plötzlich auf einer Anklagebank sieht und das Feedback als Pauschalkritik abwehren möchte.

So weit einige Regeln für ein erfolgreiches Feedback als Coach. Natürlich wird es schwierig, wenn Sie jetzt versuchen alle Regeln sofort zu verinnerlichen – vielleicht sind ja einige der Regeln ohnehin schon selbstverständlich für Sie. Erfahrungsgemäß ist es hilfreich, wenn Sie sich aus den obigen Regeln diejenigen mit einem Farbmarker markieren, die für Sie als erste in der Umsetzung wichtig sind.

11.5 Feedback annehmen – auch hier sind Spielregeln wichtig

Natürlich werden Sie selbst auch immer wieder mal in der Situation sein, dass Sie von Ihrem Vorgesetzten oder auch von Kollegen und natürlich insbesondere in der Rolle des Coaches von Mitarbeitern ein Feedback erhalten.

In jedem Feedback steckt auch eine große Chance, mehr über die Wirkung des eigenen Verhaltens auf andere zu erfahren

In jedem Feedback steckt auch eine große Chance, mehr über die Wirkung des eigenen Verhaltens auf andere zu erfahren und sich durch das Umsetzen dieser Erkenntnisse in günstigere Verhaltensweisen noch besser anderen gegenüber zu positionieren und dadurch die eigene Effektivität zu erhöhen.

Für den Coach gilt hier das Zitat *»Wer denkt, etwas zu sein, hat aufgehört etwas zu werden«*. Sprich: Wer sich bereits für einen guten Vorgesetzten oder einen guten Coach hält, hat bereits den ersten Schritt getan, um seine weitere

Entwicklung anzuhalten, auf dem erreichten Stand stehen zu bleiben oder sogar sich zurückzuentwickeln.

BEISPIEL:

Ein Vorgesetzter fragt nach dem jährlichen Personalführungsgespräch seinen Mitarbeiter, wie zufrieden er nun mit dem Ablauf und dem Ergebnis des Gesprächs sei. Der Mitarbeiter antwortet recht offen, dass er insgesamt recht zufrieden sein, dass ihm aber das Gespräch mehr wie eine Pflichtübung vorgekommen sei.

Darauf beginnt der Vorgesetzte mit einer längeren Erklärung. Der Mitarbeiter solle das nicht so sehen – es sei aus seiner Sicht auf keinen Fall eine Pflichtübung, sondern ein wichtiges Gespräch gewesen. Kurz: der Vorgesetzte rechtfertigt sein Verhalten, anstatt offen für das Feedback zu sein und nachzufragen, woran konkret der Mitarbeiter diesen Eindruck festmache.

Für den Mitarbeiter wird dieser Teil des Gesprächs allerdings nun eher unangenehm. Er ist ärgerlich über die Tatsache, dass ihn sein Vorgesetzter einerseits um ein Feedback gebeten hatte – andererseits jetzt aber ausführlich versucht, ihm nachzuweisen, dass sein Eindruck falsch gewesen sei. Der Mitarbeiter beschließt für sich, künftig mit Feedback wesentlich vorsichtiger zu sein, denn so hatte er sich das nicht vorgestellt.

Feedback ohne Rechtfertigungsdruck annehmen

Dieser Vorgesetzte hat zumindest in Bezug auf diesen einen Mitarbeiter die Chance vertan, mehr darüber zu erfahren, wie seine Gesprächsführung auf den Mitarbeiter gewirkt hat und was er tun könnte, um solche Gespräche noch zufrieden stellender und damit konstruktiver zu führen. Das paradoxe dabei ist: Einerseits bittet er um ein Feedback – andererseits sorgt er durch seine Erklärungen dafür, dass Feedback-Geber das Interesse am Feedback verlieren mussten.

Feedback zu erhalten als Chance zu begreifen ist zwar nicht selbstverständlich, aber gerade für die Rolle und das Selbstverständnis als Coach sehr wichtig. Gerade wenn das Feedback kritische Komponenten enthält, fällt es manchen schon etwas schwerer, das einfach so aufzunehmen. Doch darauf kommt es an. Nehmen Sie an, Sie haben sich entschlossen, Ihren Vorgesetzten auf Verhaltensweisen anzusprechen, die aus Ihrer Sicht nicht Ordnung sind und mit denen er sich Ihnen und anderen gegenüber öfters sehr ungünstig positioniert. Wenn nun Ihr Vorgesetzter Ihnen ins Wort fallen und begründen würde, warum er sich so verhalten hat und warum es schwierig sei, es anders zu machen, werden Sie wahrscheinlich sehr schnell aufgeben und insgeheim beschließen, ihm so schnell kein zweites Mal ein Feedback zu geben.

Wenn Sie also sicherstellen wollen, dass andere Ihnen gerne und ehrlich Feedback geben, sollten Sie auf einige Grundregeln achten:

So nutzen Sie die Chancen eines Ihnen gegebenen Feedback

- Hören Sie dem Feedback-Geber aufmerksam und aktiv zu und ermuntern Sie ihn dazu, sein Feedback ausführlich zu formulieren.
- Wenn Ihnen einzelne Aspekte des Feedback unklar oder schwer verständlich erscheinen, sollten Sie durch offene Fragen herausfinden, was gemeint ist.
- Bedanken Sie sich für jedes Feedback und betonen Sie, dass es Ihnen wichtig ist.
- Bringen Sie zum Ausdruck, dass Sie die Meinung und den Wunsch des Anderen verstehen.
- Vermeiden Sie unter allen Umständen, sich zu rechtfertigen nach dem Motto: *»Ich habe das ja so gemacht, weil …«*. Bedenken Sie stattdessen, dass ein Feedback die Wirkungen beschreibt, die bei einem Anderen entstanden sind – und dass diese Wirkungen nicht mehr wegdiskutiert werden können.

  Das ist die vielleicht schwerste Regel – deshalb ist eine zulässige und hilfreiche Ergänzung dieser Regel die Option »… wenn's geht …«
- Gehen Sie souverän damit um, falls ein Feedback nicht den hier thematisierten Regeln entspricht; machen Sie sich nicht zum Feedback-Polizisten, indem Sie versuchen, anderen die Feedback-Regeln beizubringen – formulieren Sie vielmehr das Feedback für sich so um, dass Sie etwas daraus lernen können.

- Überlegen Sie, ob Sie auf das Feedback oder auf einzelne Wünsche davon sofort eine Zusage zur Veränderung geben wollen.
- Machen Sie allerdings keine voreiligen Zusagen – sagen Sie nur das zu, was Sie auch wirklich bereit und in der Lage sind zu verändern.
- Handeln Sie nach dem Prinzip Eigenverantwortung: Überlegen Sie sorgfältig, ob Sie aus dem Feedback persönliche Konsequenzen ableiten wollen und können und wenn ja, was Sie verändern wollen. Bedenken Sie einerseits auch, dass jedes Feedback subjektive Teile enthält und Sie es niemals allen recht machen können – bedenken Sie andererseits, dass Veränderungsbereitschaft im Verhalten auch dazu führen wird, dass Ihr persönliches Verhaltensrepertoire eine große und interessante Bandbreite umfasst.

11.6 Eigene Feedback-Tendenzen

»Solange ich nichts sage, ist alles in Ordnung« lautet der Wahlspruch nicht weniger FÜHRUNGSKRÄFTE, wenn es um die Erwartung von Mitarbeitern geht, auch mal eine Bestätigung oder Anerkennung für ihre Leistungen zu erhalten. Die Führungskraft, die sich diesen Leitsatz zu Eigen gemacht hat, wird also Feedback in erster Linie als ein Mittel sehen, um Kritik zu üben – Anerkennung ist aus ihrer Sicht nicht wichtig, deshalb geht sie mit Anerkennung auch überaus zurückhaltend um. Zu viel Anerkennung auszusprechen birgt schließlich auch das Risiko in sich, dass der Mitarbeiter zu übermütig wird und möglicherweise sogar noch anfängt, Forderungen zu stellen.

»Solange ich nichts sage, ist alles in Ordnung«

Für den COACH dagegen spielt Feedback eine zentrale Rolle in seinem Verständnis und damit in seinen Aufgaben als Vorgesetzter. Es gehört als Selbstverständlichkeit zum Tagesgeschäft und ist nicht nur besonderen Situationen vorbehalten.

Darüber hinaus ist gerade im explizit durchgeführten Coachinggespräch Feedback ein wesentliches Merkmal. Einerseits, um das Bewusstsein des Mitarbeiters für seine Stärken zu fördern – andererseits um Anstöße für Verbesserungen zu geben und um vorhandene Potenziale zu wecken und zu fördern.

4 Blickrichtungen auf Ihr Feedback-Verhalten

Insgesamt lässt sich das Feedback-Verhalten an vier Blickrichtungen orientiert reflektieren und erkennen. Wenn Sie sich mit Ihren eigenen Feedback-Tendenzen befassen, ist der Ausgangspunkt die Fragestellung, wie Sie sich tendenziell verhalten, wenn es darum geht,

1. anderen ein Feedback zu geben
2. Feedback anderer anzunehmen
3. andere um ein Feedback zu bitten
4. auf den Wunsch anderer um ein Feedback einzugehen

Nutzen Sie die folgenden Ausführungen für eine detailliertere persönliche Standortbestimmung. Achten Sie auf ein ausgewogenes Verhältnis, das für Sie persönlich stimmig ist und das Ihre Rolle als Coach unterstützt. Denn eine ideale Relation oder eine Richtschnur gibt es natürlich nicht.

Ihre Bereitschaft, anderen ein Feedback zu geben

Nutzen Sie die Chancen die einerseits darin stecken, anderen durch ein positives Feedback Sicherheit und Bestätigung zu geben – oder sind Sie in Bezug auf Lob und Anerkennung eher sparsam? Vielfach begründen Vorgesetzte ihren zurückhaltenden Gebrauch von positivem Feedback mit der Befürchtung, dass vom Mitarbeiter dann weitergehende Forderungen kommen könnten.

Wie gut können Sie positive oder kritische Rückmeldungen geben?

Wenn Sie eine ähnliche Tendenz bei sich erkennen, dann sollten Sie überlegen, bei welchen Gelegenheiten Sie das positive Feedback intensivieren können. Zu den Zielpersonen Ihres Feedbacks gehören auch Vorgesetzte und Kollegen – auch für sie sind positive Rückmeldungen hilfreich. Eine Atmosphäre, in der gegenseitig positive Rückmeldungen als selbstverständliches Element zur Kultur gehören, ist für alle Beteiligten angenehm und motivierend.

Wie konsequent nutzen Sie die Möglichkeiten, durch kritisches Feedback ungünstige Verhaltensweisen so frühzeitig anzusprechen, dass Änderungen noch leicht möglich sind und Sie nicht selbst anfangen, sich auf einzelne »Fehler« anderer einzuschießen? Nicht geäußertes Feedback führt schnell zum so genannten »Rabattmarkeneffekt«. Das Verhalten, das man als kritikwürdig sieht, wird sich nicht ändern, weil der Andere gar nicht weiß, dass es als störend empfunden wird. Die eigene Wahrnehmung konzentriert sich nun zunehmend auf den Kritikpunkt – bei jedem »Fehlverhalten« sammeln wir dann gewissermaßen Ärgerpunkte oder Rabattmarken. Irgendein kleiner Anlass führt dann zu einem spontanen und eher unkontrollierten Ausbruch – die Kritik hat dann nichts mehr mit Feedback zu tun, sondern wird unsachlich und verletzend und bewirkt damit oft gerade das Gegenteil dessen, was beabsichtigt war.

Ihre Bereitschaft, Feedback anderer anzunehmen

Positives Feedback anzunehmen scheint auf den ersten Blick unproblematisch. Manchen Menschen ist allerdings ein positives Feedback unangenehm und sie wehren es – beispielsweise aus Bescheidenheit – ab. Folge kann sein, dass andere den Widerstand wahrnehmen und positives Feedback künftig ausbleibt. Ein weiterer Hintergrund kann sein, dass man befürchtet, dass hinter dem positiven Feedback eine Kritik verborgen sein könnte. Das hat auch damit zu tun, dass manche gerne eine Kritik »zwischen« ein positives Feedback zu Beginn und am Ende verpacken. Diese als »Sandwich-Methode« bezeichnete Verknüpfung ist an sich ungünstig – Anerkennung und Kritik sollten nur in einem grundlegenden und umfassenden Feedback-Gespräch zur Standortbestimmung gleichzeitig stattfinden.

Können Sie Kritik konstruktiv annehmen?

Spannender ist es natürlich in der Fragestellung, inwieweit Sie bereit und in der Lage sind, kritisches Feedback anzunehmen und es auf Möglichkeiten zu untersuchen, das eigene Verhalten zu modifizieren. Die Schwierigkeit hat viel mit dem Selbstwertgefühl zu tun – wer sich seiner selbst nicht sehr sicher ist, wird Feedback eher als Angriff erleben. Prüfen Sie sich also auf die Frage, ob ihre persönliche Kritikfähigkeit eine ausreichende Basis für den Umgang mit kritischen Feedback bietet.

Ihre Bereitschaft, andere um ein Feedback zu bitten

Wer eine Aufgabe gut oder sogar besonders gut erledigt hat, freut sich sicher über eine positive Rückmeldung. Oft ist das Warten darauf allerdings vergebens. Gerade als Vorgesetzter leben Sie möglicherweise auch eher in einem Vakuum in Bezug auf Feedback. Viele vertreten auch die Meinung *»Ein*

Feedback, um das man bitten muss, ist nichts wert« – und vertun damit auch die Chance, anderen deutlich zu machen, dass ihnen auch das positive Feedback wichtig ist.

Können Sie Feedback einfordern?

Auch in Situationen, in denen ein kritisches Feedback gewissermaßen in der Luft liegt, ist es wichtig, sich Klarheit zu verschaffen und auch dann ein Feedback zu erbitten oder sogar einzufordern. Nur so schaffen Sie für sich Klarheit über die Wirkungen Ihres Verhaltens in bestimmten Situationen und können daraus Konsequenzen für sich ableiten. Das Bitten um Feedback ist zugleich auch im Sinne einer Vorbildfunktion ein Element, mit dem Sie in Ihrem Verantwortungsbereich eine konstruktive Feedbackkultur schaffen können.

Ihre Bereitschaft, gewünschtes Feedback zu geben

Können Sie eingeforderte Rückmeldung geben?

Als Vorgesetzter kennen Sie sicher Situationen, in denen ein Mitarbeiter auf eine Rückmeldung wartet. Eigentlich wäre es selbstverständlich darauf einzugehen und beispielsweise ein Arbeitsergebnis im Sinne eines Feedback zu kommentieren oder auf die Frage des Mitarbeiters direkt einzugehen, wie zufrieden Sie mit seiner Präsentation bei der Abteilungsleitersitzung waren.

Trotzdem geht nicht jeder gern auf solche Wünsche ein und verweigert ein Feedback. Sei es, weil er nur ungern ein Lob aussprechen möchte – siehe oben – oder weil er sich schwer tut, klar Stellung zu beziehen. Auch eine spezielle Tendenz kann hier mit spielen: *»Ich entscheide selbst, wann ich etwas für anerkennenswert halte«.*

Bei Kritik hat eine Verweigerungstendenz viel mit Harmoniestreben und damit auch mit einer Abneigung gegen alle Situationen zu tun, die Konfliktpotenzial enthalten könnten. Anderen nicht »wehtun« zu wollen, ist zwar eine Methode, um eine harmonische Atmosphäre zu erreichen. Wenn es aber nur eine Scheinharmonie ist, hinter der Ärger und Enttäuschung verborgen sind, ist das nur eine Konfliktvermeidung auf Zeit.

CHECKLISTE »FEEDBACK-PRAXIS«
für Ihre persönliche Standortbestimmung als Coach:

✔ Meine Anforderungen an gute Leistung sind transparent.

- ✔ Für gute Leistungen spreche ich regelmäßige Anerkennung aus.
- ✔ Auch anforderungsgerechte Leistung bestätige ich.
- ✔ Ich kenne die Stärken aller Mitarbeiter.
- ✔ Ich sorge dafür, dass die Mitarbeiter ihre Stärken gezielt einsetzen und auch weiterentwickeln.
- ✔ Bei Abweichungen äußere ich Kritik zeitnah.
- ✔ Meine Kritik wird von den Mitarbeitern angenommen und umgesetzt.
- ✔ Basis meiner Kritik sind neutrale Bewertungsmaßstäbe.
- ✔ Meine Kritik orientiert sich am Entwicklungsstand der Mitarbeiter.
- ✔ Ich verbinde Kritik dann mit Lösungsvorschlägen, wenn der Mitarbeiter dazu nicht in der Lage ist.

12 MITARBEITER FÖRDERN UND ENTWICKELN

Die kontinuierliche Entwicklung der Kompetenzen der Mitarbeiter ist im Kontext des Coaching eine wichtige und entscheidende Zielrichtung. Alle Aktivitäten des Vorgesetzten zielen letztlich darauf ab, dass die Mitarbeiter in ihren fachlichen, methodischen, persönlichen und sozialen Kompetenzen sich so weiter entwickeln, dass sie ihre aktuellen Aufgaben selbstständig bewältigen, in neuen Aufgaben schnell erfolgreich agieren und auch für künftige Anforderungen vorbereitet sind.

Weitestgehende Selbstständigkeit der Mitarbeiter ist das Ziel

Fachliche Kompetenz

Auf die fachliche Kompetenz als grundlegende Voraussetzung muss hier nicht detailliert eingegangen werden. Wichtig ist, dass sich die fachliche Qualifizierung eng an den aktuellen und den vorhersehbaren künftigen Anforderungen orientiert. Eine erworbene Fachkompetenz, die nicht durch Anwendung gefestigt werden kann, geht wieder verloren und erweist sich dann als Fehlinvestition.

Methodische Kompetenzen

Das Beherrschen bestimmter Methodiken ist die Basis, um die fachliche Kompetenz voll ausschöpfen zu können

Das Beherrschen bestimmter Methodiken ist die Basis, um die fachliche Kompetenz voll ausschöpfen zu können. Unter den methodischen Kompetenzen im engeren Sinne werden beispielsweise gesehen:

- analytisches Vorgehen,
- kreatives Vorgehen,
- strukturierendes Denken,
- Denken in Zusammenhängen.

Im weiteren Sinne gehören dazu beispielsweise

- Gesprächs- und Argumentationstechniken,
- Moderations- und Präsentationstechnik,
- Kreativitäts- und Entscheidungstechniken,
- Arbeitstechniken und Zeitmanagement.

Persönliche Kompetenzen

Bei den persönlichen Kompetenzen geht es – sehr vereinfacht ausgedrückt – um alle Kompetenzen, die ein Mensch benötigt, um mit sich selbst zurechtzukommen, wie zum Beispiel

- Selbsterkenntnis,
- Aufrichtigkeit sich selbst gegenüber,
- Selbstvertrauen,
- Sinnorientierung,
- Fähigkeit zur Selbstreflexion,
- Fähigkeit eigene Wünsche zu erkennen,
- Entscheidungsstärke,
- Meinungsfestigkeit,
- Kritikfähigkeit,
- Frustrationstoleranz.

Soziale Kompetenzen

Analog der Definition für persönliche Kompetenz – ebenfalls wieder stark vereinfacht – geht es hier um alle Fähigkeiten, die in Mensch braucht, um mit anderen zurechtzukommen, wie beispielsweise:

- Vorurteilsfreiheit,
- Vertrauensbereitschaft,
- Offenheit,
- Konfliktfähigkeit,

- Kooperationsfähigkeit,
- Kompromissfähigkeit,
- Fairness,
- Verantwortungsbewusstsein,
- Integrationsfähigkeit,
- zwischenmenschliche Sensibilität,

Der Coach legt Wert darauf, dass die Entwicklung der Mitarbeiter sich nicht auf die rein fachlichen Kompetenzen beschränkt

Gerade der COACH legt Wert darauf, dass die Entwicklung der Mitarbeiter sich nicht auf die rein fachlichen Kompetenzen beschränkt. Er sieht seine Mitarbeiter ganzheitlich und weiß, dass methodische, persönliche und soziale Kompetenzen gerade in unserer zunehmend komplexer werdenden Arbeitswelt die Kompetenzen sind, die für den einzelnen Mitarbeiter, aber auch für Teams, zu entscheidenden Wettbewerbsfaktoren werden können.

Mitarbeiterentwicklung wurde und wird von FÜHRUNGSKRÄFTEN vielfach noch so verstanden, dass Mitarbeiter durch Seminarbesuche ihre fachliche oder auch soziale Kompetenz erweitern. Teilweise herrscht auch noch die Meinung vor, dass für die Entwicklung letztlich die Personalabteilung zuständig ist. Bei der Auswahl von Seminaren trifft die Führungskraft die Entscheidung, welches Seminar für den Mitarbeiter geeignet ist; in selteneren Fällen weiß der Mitarbeiter auch nicht genau, aus welchem Grund ihn sein Vorgesetzter in ein Seminar geschickt hat. Manchmal sind andererseits Seminare auch ein Incentive für gute Leistungen, ohne dass ein direkter Bezug zu den beruflichen Anforderungen erkennbar wäre.

Der COACH sieht die hohe Bedeutung der Mitarbeiterentwicklung für den Einzelnen und für das Team und damit für die erfolgreiche Erfüllung der gestellten Aufgaben sowohl in der Gegenwart als auch in der nächsten Zukunft. Als Coach sorgt er dafür, dass jeder Mitarbeiter selbst die Verantwortung für seine Weiterentwicklung erkennt und sich aktiv um Möglichkeiten kümmert, seine Kompetenzen systematisch und an den jeweiligen Aufgaben orientiert auszubauen. Er begleitet den Entwicklungsprozess in dem Maße mit, in dem der Mitarbeiter Unterstützung benötigt. Wenn beispielsweise ein Seminar einen Entwicklungsschritt unterstützen soll, wird der Coach sich vor dem Seminar die Zeit für ein Gespräch mit dem Mitarbeiter nehmen, in dem er sicherstellt, dass dieser mit klaren Vorstellungen und Zielsetzungen aus dem Seminar für sich einem hohen Nutzen ziehen kann. Nach der Rückkehr vom Seminar wird er mit einem weiteren Gespräch den Lerntransfer unterstützen.

Ansätze für die Entwicklung des Mitarbeiters

Ein Seminar ist natürlich nur eine der vielen Möglichkeiten zur Entwicklung von Fähigkeiten und zum Erschließen von Potenzialen. Weil der Coach sich als Entwickler seiner Mitarbeiter versteht, kennt und nutzt er auch die verschiedenen Möglichkeiten der Personalentwicklung direkt und professionell im Konsens mit dem Mitarbeiter:

Möglichkeiten der Personalentwicklung

- COACHING »ON THE JOB«: Unterstützen des Mitarbeiters in direktem Zusammenhang mit der Erledigung von Aufgaben und Aufträgen.
- COACHING »NEAR THE JOB«: Hilfestellung und Unterstützung des Mitarbeiters mit generellem Bezug zu seinen Aufgabenstellungen.
- JOB ROTATION: Qualifizieren durch temporäre Übernahme anderer Tätigkeiten innerhalb des Teams oder ggf. auch außerhalb des Teams.
- JOB ENLARGEMENT: Durch qualitative Anreicherung der Arbeitsinhalte qualifiziert sich der Mitarbeiter weiter.
- PROJEKTARBEIT: Durch Mitwirkung an Projekten kann der Mitarbeiter sich konsequent weiter qualifizieren.

Im Jahresgespräch den Standort bestimmen und die weitere Entwicklung absichern

zentrales Instrument für das Definieren von Entwicklungsbedarf und entsprechenden Maßnahmen

Das zentrale Instrument für das Definieren von Entwicklungsbedarf und von Maßnahmen zur Deckung des Entwicklungsbedarfs bildet das Jahresgespräch, bei dem im Rahmen einer umfassenden Standortbestimmung ausgehend von einer Reflexion der beruflichen Situation eine detaillierte Entwicklungsplanung erarbeitet wird.

Im Sinne des Coaching ist es wichtig, dass der Mitarbeiter aktiv an seiner Entwicklung mitwirkt und sich nicht in einer Konsumentenhaltung lediglich mit dem Besuch von Seminaren einverstanden erklärt. Auf dieses Jahresgespräch soll hier nicht detaillierter eingegangen werden, da das den Umfang dieses Buches sprengen würde. Der interessierte Coach kann sich hierzu ausreichend mit Fachliteratur versorgen.

CHECKLISTE »MITARBEITERENTWICKLUNG«
für Ihre persönliche Standortbestimmung als Coach:

- ✔ Die Stärken, Schwächen und Potenziale aller Mitarbeiter sind mir bekannt.
- ✔ Es gibt Konsens dazu mit den Mitarbeitern.
- ✔ Ich führe regelmäßige Gespräche über Entwicklungsmöglichkeiten und –notwendigkeiten.
- ✔ Ich kenne die persönlichen Entwicklungswünsche meiner Mitarbeiter.
- ✔ Ich vereinbare mit jedem Mitarbeiter eine individuelle Entwicklungsplanung.
- ✔ Ich halte die Mitarbeiter an, Mitverantwortung für die eigene Weiterentwicklung zu übernehmen.
- ✔ Die Kombination harter und weicher Faktoren bewirkt Veränderungen.

Teil 4 Die Methodik des Coaching

Neben dem grundlegenden Verständnis des Coaching, das für den Coach gewissermaßen als Selbst- und Rollenverständnis sein Verhalten in der Führungsaufgabe durchgängig prägen sollte, steht im Mittelpunkt des Coaching eine bestimmte Gesprächsstruktur.

Dieses zentrale Instrument im Cochingprozess erleichtert Ihnen Ihre Coachingaufgabe nachhaltig, denn es

- ist logisch aufgebaut, indem es dem klassischen Problemlösungsprozess folgt und dadurch effektiv ist,
- ist durch seine Struktur offen und transparent und schafft dadurch die notwendige Vertrauensbasis,
- führt gezielt zu klaren Vereinbarungen im gegenseitigen Konsens,
- ist lösungs- und ergebnisorientiert,
- konzentriert sich auf kleine, nachvollziehbare und realisierbare Schritte,
- fördert dadurch das Erreichen großer Ziele in kleinen überschaubaren und nachprüfbaren Schritten,
- ist prozessorientiert und stellt sicher, dass Abweichungen auf dem Weg zum Ziel schnell erkannt und korrigiert werden,
- lässt sich durch den geplanten Zeitraum von 20 Minuten leichter in einen vollen Arbeitstag integrieren und wird dadurch effizient.

1 In 20 Minuten im CoachingDialog entscheidende Veränderungen initiieren

Der CoachingDialog ist das zentrale Instrument des Coachingprozesses

Das 20 Minuten dauernde Gespräch, der CoachingDialog, ist das zentrale Instrument des Coachingprozesses. Deshalb ist es auch speziell für wichtige Aufgaben und Ziele reserviert. Es ersetzt nicht das »normale« Gespräch im Arbeitsalltag mit dem Mitarbeiter, in dem es um das Tagesgeschäft geht. Überall da, wo es darauf ankommt, ambitionierte Ziele zu erreichen, in kurzer Zeit positive Veränderungen zu initiieren, bestimmte Entwicklungen nachhaltig anzustoßen und abzusichern, ist das 20-Minuten-Coaching der richtige Lösungsansatz.

Ein echter Dialog ist gefordert

Dieses 20-Minuten-Coaching muss ein echter Dialog sein – ein Gespräch ist dann ein Dialog, wenn nach dem Gespräch beide Gesprächspartner – teilweise – anders denken als vorher. Zum Dialog fähig zu sein hat nichts mit dem Beherrschen von Tricks oder Techniken zu tun: Es geht hierbei um die innere Einstellung zum Gesprächspartner.

Dialog bedeutet zunächst, den Standpunkt des Anderen durch aufmerksames Zuhören besser zu verstehen. Max Frisch sagt: *»Jeder Versuch, sich mitzuteilen, kann nur mit dem Wohlwollen des Anderen gelingen.«*

Wer einen Dialog führen will, muss anerkennen, dass jeder Gesprächspartner immer nur einen Ausschnitt der Wirklichkeit wahrnehmen kann und diesen Ausschnitt auch mit – häufig sehr subjektiven – Bewertungen verbindet.

Dialogische Einstellung meint deshalb, diese grundsätzliche Unterschiedlichkeit zweier Menschen in Wahrnehmung und Bewertung anzuerkennen und zum Ausgangspunkt des Gesprächs zu machen. Der Gesprächsbeitrag des Anderen ist dann eine Chance: Gerade wenn die Sichtweise mit der eigenen nicht übereinstimmt, ist dies ein Beitrag zur Vollständigkeit des Gesamtbildes und somit eine Bereicherung.

Voraussetzung für einen echten Dialog ist es, nicht mit einer vorgefassten Meinung in ein Gespräch zu gehen, sondern offen: offen für andere Sichtweisen, offen für andere Lösungen, offen für andere Wege zum Ziel.

Offen zu sein, heißt aber nicht, die anderen Sichtweisen unbedingt zu akzeptieren, sondern eine bewusste Entscheidung zu treffen, ob man sie übernimmt oder ob man für die eigene Sichtweise wirbt oder sich konstruktiv und engagiert dafür einsetzt.

Kennzeichen eines offenen Dialoges

Ein durch den Coach als Dialog geführtes Gespräch ist an folgenden Verhaltensweisen erkennbar:

- Er lädt zum Gespräch ein.
- Er stellt die richtigen Fragen in der richtigen Art.
- Er achtet auf Gesprächssymmetrie.
- Er sorgt für reversible Kommunikation: *»Ich kann Dir sagen, was Du mir sagen kannst«.*
- Er stellt einen offenen kommunikativen Austausch sicher.
- Er bezieht möglichst viele Sichtweisen ein.

- Er achtet auf breitem Konsens während des Gesprächs.
- Er zielt konsequent auf eine klare Vereinbarung als Gesprächsergebnis.

1.1 Von der Gesprächstechnik zur Gesprächsintervention

Es gibt unterschiedliche Methoden, ein Gespräch zu lenken. Diese Methoden werden auch gerne als Gesprächstechniken bezeichnet. Dieser Begriff signalisiert – kritisch betrachtet – einen eher mechanistischen Ansatz eines Gesprächs: *»Wenn ich diese Technik einsetze, dann müsste jene Reaktion kommen«.*

Interventionen die Ihr Coachingverhalten ergänzen und abrunden können

Der Coach wird von seinem Verständnis seiner Rolle her eher in Gesprächsinterventionen denken und handeln. Beiträge, durch die er das Gespräch in eine bestimmte Richtung lenkt, ohne es zu dominieren. Fragen spielen hierbei eine wichtige Rolle, zumal sie die Grundhaltung des Coaches symbolisieren. Über die Fragen hinaus, die weiter unten separat behandelt werden, können die folgenden Interventionen Ihr Coachingverhalten ergänzen und abrunden:

Aktives Zuhören

Schon das passive Zuhören kann den Gesprächspartner ermuntern, über sich oder sein Problem zu sprechen. Aktives Zuhören geht einen Schritt weiter: Durch verbale und nonverbale Aufmerksamkeitsreaktionen signalisieren Sie Ihrem Mitarbeiter ausdrücklich, dass Sie hinhören. Nonverbale Anzeichen sind beispielsweise Nicken oder Blickkontakt, verbale Anzeichen sind Bemerkungen wie *»Ich verstehe«*, *»aha«*, *»Das ist interessant«* usw.

Nondirektive Lenkung

auch »fragend wiederholen« genannt. Sie wiederholen ein Wort oder eine wichtige Aussage des Gesprächspartners mit fragender Betonung. Der Gesprächspartner wird dadurch aufgefordert, seine Aussage weiter zu präzisieren oder zu korrigieren.

Mitarbeiter: *»Das stelle ich mir schwierig vor.«* Coach: *»Sie stellen sich das schwierig vor?«* Mitarbeiter: *»Ja, ich meine damit, dass mir da die Erfahrungen fehlen«.*

Zusammenfassen

Mit dem Zusammenfassen längerer Passagen bestätigen Sie Ihrem Mitarbeiter, dass Sie aufmerksam zugehört haben. Gleichzeitig geben Sie Gelegenheit, Details richtig zu stellen, zu präzisieren oder zu ergänzen.

Interpretieren

Wenn Sie bei einer unklaren Aussage Ihres Mitarbeiters Ihre Interpretation seiner Aussage wiederholen, dann kann er klarstellen, was er genau meint.

Coach: *»Sie meinen also, es ist schwierig, weil Sie so etwas noch nie gemacht haben?«* Mitarbeiter: *»Nein, ich halte es für schwierig, weil ich aus dieser Abteilung eine generelle Ablehnung wahrnehme.«*

Übertreiben

Wenn Sie Aussagen Ihres Gesprächspartner aufnehmen und in übertriebener Form wiederholen, ist Ihr Partner gefordert, die Dinge richtig zu stellen.

Mitarbeiter: *»Das stelle ich mir schwierig vor.«* Coach: *»Sie sind also der Meinung, dass Sie das nie schaffen werden?«*

Verbalisieren

Hier versuchen Sie, die Gefühle oder Stimmungen Ihres Gesprächspartners in Worte zu fassen, um ihm zu zeigen, dass Sie Verständnis für ihn und seine Sichtweise haben. Auf dieser Vertrauensbasis kann Ihr Gesprächspartner weiter aus sich herausgehen. Mitarbeiter: *»Das stelle ich mir schwierig vor.«* Coach: *»Sie fühlen sich also noch nicht sicher genug«*.

Versuchen Sie, die Gefühle oder Stimmungen Ihres Gesprächspartners in Worte zu fassen

Vorschläge

Vorschläge sind auch Schläge: Wenn Ihr Gesprächspartner zu einem Problem keine eigenen Ideen entwickelt, machen Sie selbst einen Vorschlag. Das kann dazu führen, dass er dann doch langsam mit seinen eigenen Ideen »rausrückt«. Wer seine eigenen Ideen verwirklichen kann, tut dies auch mit mehr Engagement. Mitarbeiter: *»Ich habe da keine Idee, wie ich das lösen sollte«* – Coach: *»Dann mache ich Ihnen jetzt mal eine Vorschlag, und zwar ...«* – Mitarbeiter: *»Hört sich nicht schlecht an, aber da würde ich doch lieber ...«*

Schweigen, Pausen aushalten

Pausen im Gespräch wirken unangenehm – jeder versucht, das entstehende Schweigen nicht zu lang werden zu lassen. Wer jedoch das Schweigen länger aushält, hat die Chance, dass er vom Anderen die Informationen bekommt, die das Gespräch weiterbringen.

Ich-Botschaft

Mit der Ich-Botschaft vermeiden Sie, eine negative Wertung über eine Äußerung Ihres Mitarbeiters abzugeben. Formulierungen wie *»Da sind Sie aber völlig falsch informiert«* oder *»Sie lassen mich nie ausreden«* können der Beginn einer Eskalation sein, an deren Ende keiner erreicht, was er will.

Die Ich-Botschaft geht den umgekehrten Weg. Anstelle der obigen Beispiele könnten Sie als Coach sagen: *»Ich habe andere Informationen dazu bekommen«* oder *»Ich würde gerne noch meinen Gedanken zu Ende führen«*.

Ich-Botschaften provozieren weniger Widerstand

Diese Ich-Botschaften provozieren weniger Widerstand und nötigen den anderen nicht, sich zu rechtfertigen oder zu verteidigen. Sie legen dem Anderen vielmehr offen, welche Reaktionen er bei Ihnen bewirkt hat.

Metakommunikation

Manchmal ist ein Gespräch einfach verfahren: Die Diskussion dreht sich im Kreis, keiner ist bereit, seinen Standpunkt aufzugeben, beide Gesprächspartner sind gereizt und streiten. Hier ist es hilfreich, einmal darüber zu reden, wie das Gespräch selbst läuft und wie man sich selbst dabei fühlt.

Coach: *»Ich habe den Eindruck, unser Gespräch dreht sich im Kreis. Ich würde gerne noch mal zurück zum Ausgangspunkt kommen, um sicherzustellen, dass wir die gleiche Problemsicht haben – was halten Sie davon?«*

Vertagen

Manchmal hilft alles nichts

Manchmal hilft alles nichts: das Gespräch kommt zu keinem Ergebnis. Nach dem Motto »lieber ein Ende mit Schrecken, als ein Schrecken ohne Ende« kann es immer noch das Sinnvollste sein, ein Gespräch ohne Ergebnis zu beenden und zu einem späteren Zeitpunkt wieder aufzunehmen. Das sollte aber die Ausnahme bleiben.

1.2 Nur wer richtig fragt, führt auch richtig

Fragen haben eine hohen Stellenwert im CoachingDialog

Die Fragen haben einen hohen Stellenwert im CoachingDialog. Die Bereitschaft, in einer fragenden Haltung in ein Gespräch zu gehen, unterscheidet schon den Coach von der Führungskraft. Wer allerdings als Coach dann viele Fragen zu stellen hat, kann erleben, dass der Mitarbeiter verunsichert oder widerwillig reagiert.

Deshalb ist auch hier die Grundidee der Transparenz wichtig: Der Coach begründet seine Form der Gesprächsführung, beispielsweise: *»Mir ist es wichtig, dass die Lösung des Problems wirklich auch Ihre Lösung ist, deshalb möchte ich sicherstellen, dass ich die Situation auch vollständig verstehe. Um das zu erreichen, möchte ich Ihnen zunächst einmal eine Menge Fragen stellen.«*

MERK-WÜRDIGES:

»WER FRAGT, DER FÜHRT – WER SAGT, DER DOMINIERT.«

Welche Frage mit welchem Ziel?

Offene Fragen motivieren umfassende Antworten

In der Analysephase eines Gesprächs sind die offenen Fragen wichtig, denn sie fordern den Gesprächspartner auf, umfassende Antworten zu geben. *»Wie kam es zu den Rückständen?« – »Was hat Sie gehindert, sich frühzeitig um Unterstützung zu bemühen?« – »Welche Vorstellungen haben Sie, bis wann Sie wieder auf dem Laufenden sein können?«* So erhält der Coach umfassende Informationen, die er durch weitere Fragen ergänzen und abrunden kann, damit sein Bild von der Situation möglichst vollständig ist.

Die geschlossene Frage bringt die Dinge auf den Punkt

Natürlich muss das Gespräch auch zu einem Ergebnis führen. Dann wechselt der Coach von den offenen Fragen zu Alternativfragen oder zu geschlossen Fragen. Die Alternativfrage lässt dem Mitarbeiter die Entscheidung zwischen zwei Möglichkeiten: *»Wollen Sie lieber ein Seminar besuchen oder mal für zwei Tage in der Abteilung XYZ hospitieren?«* Stärker lenkend wirkt die geschlossene Frage: *»Sind Sie mit einem Seminar im Herbst einverstanden?«*

Nicht nur auf die Form der Frage kommt es an

Wie Sie eine Frage richtig formulieren ist nicht nur eine Frage der Verwendung von Worten. Auch Ihre innere Einstellung gegenüber dem Thema oder gegenüber dem Mitarbeiter drückt sich sowohl in der Betonung als auch noch differenzierter in der Wortwahl aus. Hier sind Sensibilität einerseits und ein wirklich bewusster Umgang mit der Sprache andererseits geboten.

Drei Arten von Fragen lassen sich hier noch einmal unterscheiden:

analytische, sachliche Fragen

- Mit der analytischen, sachlichen Frage geht der Coach einem Sachverhalt neutral und emotionslos auf den Grund: *»Wie kam es zur Terminüberschreitung« – »Welche Aufgaben sind aus Ihrer Sicht zu kompliziert?« – »Was schlagen Sie als Lösung vor?«*

kritische Fragen

- Mit der kritischen Frage signalisiert der Coach Skepsis und die Bereitschaft zur kritischen Auseinandersetzung: *»Wie kam es denn eigentlich zur Terminüberschreitung?« – »Welche Aufgaben sind denn nun angeblich zu kompliziert?« – »Was haben Sie denn jetzt für einen Vorschlag?«* Es liegt auf der Hand, dass diese kritischen Fragen eine härtere Intervention darstellen und für den Mitarbeiter eine Herausforderung im Sinne eines Sparring darstellen können. Deshalb wird der Coach gerade die kritischen Fragen sehr gezielt und bewusst einsetzen.

empathische Fragen

- Mit den empathischen Fragen zielt der Coach auf das Einbeziehen der emotionalen Ebene ab, weil er weiß, dass viele Widerstände auf der Gefühlsebene entstehen. *»Wie ging es Ihnen denn als Sie merkten, dass Sie die Termine nicht einhalten können?« – »Welche Aufgaben empfinden Sie als zu schwierig?« – »Haben Sie bei dieser Lösung ein gutes Gefühl?«*

Merk-Würdiges:

Ein Gespräch war ein Dialog, wenn anschliessend beide Gesprächspartner anders denken als vorher. Es war ein Meinungsaustausch, wenn der Mitarbeiter mit seiner Meinung in das Gespräch ging und mit der Meinung des Vorgesetzten wieder aus dem Gespräch kommt.

2 Die Phasen des Coachinggesprächs

Struktur und Ordnung sind zum einen ein wichtiges Element für die Verständlichkeit der Kommunikation. Wer genau weiß, in welchen Phasen ein Gespräch abläuft, kann sich inhaltlich an dieser Struktur orientieren. Ein weiterer Vorteil eines strukturierten Gesprächs liegt in einer dadurch entstehenden entspannten Atmosphäre. Der Mitarbeiter kann sich darauf verlassen, dass sein Problem oder das beiderseitige Problem systematisch analysiert und abgearbeitet wird.

Er braucht keine Bedenken zu haben, dass wichtige Teilaspekte untergehen, dass seine Bedenken und Sorgen nicht ernst genommen werden, dass seine Vorschläge nicht in Betracht gezogen werden und dass ein Gesprächsergebnis voreilig oder vorzeitig zustande kommt.

Das Phasenmodell im Überblick:
PHASE 1: Einigung auf das Thema
PHASE 2: Ein realistisches Ziel vereinbaren
PHASE 3: Die Situation neutral analysieren
PHASE 4: Lösungsmöglichkeiten sammeln und bewerten
PHASE 5: konkrete Maßnahmen definieren

Phase 1: Einigung auf das Thema

Haben Sie auch schon Gespräche miterlebt, in denen Sie sich einige Zeit nach dem Beginn des Gesprächs gefragt haben, worum es eigentlich geht? Dann ist Ihnen sicherlich bewusst, wie wichtig es in einem zielführenden Gespräch ist, schon frühzeitig das Gesprächsthema zu kennen. Während im Führungsgespräch der Vorgesetzte zu Gesprächsbeginn sagt, worum es geht, kommt im 20-Minuten-Coaching die Philosophie des Coaching schon in dieser Phase zum Ausdruck, denn hier geht es zunächst darum, dass Coach und Mitarbeiter sich bewusst auf das Gesprächsthema einigen.

Coach und Mitarbeiter einigen sich bewusst auf das Gesprächsthema

Schon zu Beginn des Gesprächs Konsens über den Themenschwerpunkt zu haben, schafft frühzeitig eine positive Gesprächsatmosphäre – der Mitarbeiter kann sich auf das Gespräch einlassen, ohne Bedenken haben zu müssen, dass das Gespräch seinen Interessen zuwider laufen könnte.

Neben den atmosphärischen Aspekten ist die erste Phase natürlich auch unter inhaltlichen Aspekten sehr wichtig. Das 20-Minuten-Coaching ist bekanntlich wichtigen und bedeutenden Themen vorbehalten. Und gerade wenn eine Situation oder Aufgabe komplex ist, kann leicht die Gefahr bestehen, dass das Thema oder das Problem nicht genau erkannt wird und es damit auch zu einer falschen oder unpräzisen Definition kommt. Es liegt auf der Hand: Wenn schon das Gesprächsthema nicht hundertprozentig stimmt, kann das Ergebnis auch nicht richtig sein oder das Gespräch wird auf jeden Fall mehr Zeit in Anspruch nehmen, als zunächst als realistisch eingeplant worden ist.

PRAXISBEISPIEL:

Ein Mitarbeiter hatte die Aufgabe übernommen, auf Basis einer hausinternen Analyse Vorschläge zur Verbesserung und insbesondere Beschleunigung des Ablaufs von Kundenreklamationen zu erarbeiten. Als der vereinbarte Zwischenbericht ausbleibt und der Vorgesetzte danach fragt, räumt der Mitarbeiter ein, dass er mit dem Projekt nicht wie geplant vorwärts gekommen sei.

Der Mitarbeiter ist engagiert und schnell bereit, zusätzliche Aufgaben zu übernehmen, vor allem, wenn er damit sein ausgeprägtes Improvisationstalent unter Beweis stellen kann. Zur Zeit hat er sehr viel Arbeit auf dem Tisch liegen, da er für einen erkrankten Kollegen einen Teil von dessen Aufgaben übernommen hat. Üblicherweise arbeitet er recht schnell und fehlerfrei, seine Stärke liegt insbesondere darin, Routinearbeiten zügig abzuarbeiten – bei umfangreicheren Aufgaben unterlaufen ihm manchmal kleinere Fehler. In konzeptionellen Arbeiten hat er bisher wenig Erfahrungen gesammelt – er traut sich aber grundsätzlich alles zu. Termine hält er meist ein, allerdings gerät er auch oft unter Druck, weil er nur ansatzweise eine Planung für seine Aufgaben aufstellt – bei so viel kurzfristigen Anforderungen sei eine Planung nicht sinnvoll – so seine Überzeugung. Er ist innerhalb der Abteilung im Kreise von Kollegen akzeptiert und anerkannt; gegenüber Kollegen aus anderen Abteilungen und insbesondere gegenüber Vorgesetzten ist er zurückhaltend.

Hier sind mehrere Themen denkbar. Aus Sicht des Vorgesetzten könnten mehrere Ansätze für einen Coachingprozess gegeben sein:

- Als übergeordnetes Thema bzw. langfristiges Ziel natürlich die Frage, wie der Mitarbeiter die Aufgabe an sich bewältigen wird und kann.

Im engeren Sinne unter dem Aspekt der Situations- und Problemanalyse

- die aktuelle Arbeitssituation mit Zusatzaufgaben,
- die Fähigkeit des Mitarbeiters zu konzeptioneller Arbeit,
- die unzureichende Arbeitsplanung,
- eine gewisse Selbstüberschätzung.

Dies zunächst aus Sicht des Vorgesetzten – es fehlt noch die Sichtweise des Mitarbeiters. Während die Führungskraft schnell davon ausgeht, genau zu wissen, was das Problem ist, geht der Coach grundsätzlich in einer offenen und zugleich fragenden Haltung in ein Coachinggespräch. Er ist als aktiver Zuhörer gerne bereit, neue Aspekte zu erfahren, die ihm vorher nicht aufgefallen sind und auch sehr interessiert daran, die Sichtweise des Mitarbeiters kennen zu lernen.

Insofern ist es für den Coach zwar wichtig, dass er selbst vorbereitet ist und die vorhandenen Zahlen, Daten und Fakten hinreichend kennt. Er wird diese Informationen auch in das Gespräch integrieren, wenn er feststellt, dass es aufseiten des Mitarbeiters einen anderen Informationsstand gibt, um sicherzustellen, dass beide von der gleichen Informationsbasis und von einem vergleichbaren Sachstand ausgehen.

die Sichtweise des Mitarbeiters in Erfahrung bringen

Zunächst aber wird es ihm wichtig sein, die Sichtweise des Mitarbeiters in Erfahrung zu bringen. Die übergreifende Fragestellung für die Phase 1 lautet daher:

Worüber würde der Mitarbeiter im Zusammenhang mit den aufgetretenen Problem oder im Zusammenhang mit einer neu auf ihn zukommenden Aufgabenstellung gerne reden?

Gerade mit dieser Frage unterstreicht der Coach die Eigenverantwortung des Mitarbeiters – nicht er will dem Mitarbeiter sagen, worüber es notwendig ist, zu reden – der Mitarbeiter wird gefordert, sich Gedanken zu machen, was im Zusammenhang mit einer anstehenden Aufgabe oder mit einem sich abzeichnenden Problem ein wichtiges Thema zur anforderungsgerechten Bewältigung darstellt.

Erfahrungsgemäß liegt meistens das relevante Thema schnell auf der Hand. Sofern das nicht der Fall ist, ist es nun die Aufgabe des Coaches durch gezielte Fragen das Thema herauszuarbeiten. Dies ist auch dann notwendig, wenn die Problemsicht des Mitarbeiters noch zu unpräzise ist.

Hier kann beispielsweise eine aus Japan stammende und im Zusammenhang mit der Problemanalyse entwickelte Fragemethodik hilfreich sein – die Methode der 5 W-Fragen.

Methode der 5 W-Fragen

Am obigen Beispiel orientiert könnte das folgendermaßen lauten:

Frage 1: *»Woran liegt es, dass bisher noch kein nennenswerter Fortschritt erzielt ist?«*

Antwort: *»Ich habe keine Zeit neben dem Tagesgeschäft gefunden.«*

Frage 2: *»Woran liegt es, dass das Tagesgeschäft so hohe Dominanz hat?«*

Antwort: *»Zum einen muss natürlich der Kunde zufrieden gestellt werden – zum anderen ist es mir auch wichtig, abends den Tisch leer zu haben.«*

Frage 3: *»Weshalb ist es Ihnen so wichtig, abends den Tisch frei zu haben.«*

Antwort: *»Ich bin eben nicht zufrieden, wenn noch irgendeine Routinesache nicht erledigt ist.«*

Frage 4: *»Wie verhält es sich mit Ihrer Zufriedenheit jetzt im Moment in Bezug auf das an Sie delegierte Projekt?«*

Antwort: *»Das belastet mich natürlich schon, dass ich noch gar nicht dazu gekommen bin.«*

Frage 5: *»Was halten Sie davon, wenn wir uns im Gespräch jetzt auf die Frage konzentrieren, wie Sie durch eine andere Arbeitseinteilung ab jetzt im Projekt planmäßig vorankommen?«*

Mit dieser Vorgehensweise hätte der Coach eine vielleicht entscheidende Änderung der Sichtweise des Mitarbeiters initiiert: von der vereinfachenden Feststellung *»keine Zeit«* zur Sensibilität *»Ich sollte meine Arbeitseinteilung überdenken und verbessern«*.

Phase 2: Ein realistisches Ziel vereinbaren

Wenn das Thema feststeht und dieses gleichzeitig in eine längerfristige Zielorientierung integriert ist, geht es nun in der zweiten Phase des Coachinggesprächs darum, ein realistisches Ziel zu vereinbaren, das am Ende des Gesprächs erreicht sein soll und das sich daraus ergebende Ziel, das als nächste Station im Coachingprozess angestrebt wird – also beispielsweise in 14 Tagen erreicht sein soll.

Auch hier wieder der wesentliche Unterschied zwischen Führungskraft und Coach: Die Führungskraft hat bereits vor dem Gespräch eine klare Vorstellung vom Ziel und gibt das Ziel gerne vor, bevor der Mitarbeiter womöglich noch auf die Idee kommt, ein anderes Ziel zu favorisieren.

Konsens über das Ziel erreichen

Der Coach hingegen bleibt in der fragenden Grundhaltung und in einer aktiv zuhörenden Rolle, fördert und fordert damit wieder die Initiative des Mitarbeiters, sich selbst aktiv Gedanken über die Frage zu machen, wo die nächste Etappe konkret hinführen soll.

Die zentralen Fragen, die in Phase 2 beantwortet werden müssen, lauten daher:

Was sollte aus Ihrer Sicht als Ergebnis unseres Gesprächs erreicht sein?

Was sollte das nächste Ziel im Zusammenhang mit dem Gesprächsthema nach diesem Gespräch sein?

Phase 3: Die Situation neutral analysieren

»Wie wirklich ist die Wirklichkeit« lautet der Titel eines sehr interessanten und nachdenklich stimmenden Buches von Paul Watzlawik. Er beschreibt hier sehr treffsicher, wie stark doch unsere Annahme von der Wirklichkeit von unseren eigenen Gedanken, Einstellungen, Befindlichkeiten, Vorurteilen, Wünschen, Zielen, Werten, Normen und vielen anderen Einflussfaktoren abhängig ist.

Während hier wieder die Grundeinstellung der Führungskraft ist *»Ich weiß schon genau, wie die Situation wirklich ist und ich muss nun sicherstellen, dass der Mitarbeiter meine Auffassung teilt«*, geht der Coach mit der grundsätzlichen Bereitschaft in das Gespräch, seine Wahrnehmung der Situation mit den Wahrnehmungen des Mitarbeiters abzugleichen, um sie dann wo nötig auch zu verändern oder zu modifizieren, sie vielleicht zu ergänzen und abzurunden oder sie auch überwiegend bestätigt zu finden. Seine Zielsetzung für diese Phase ist es daher, dass er und der Mitarbeiter sich in Bezug auf die Wahrnehmung der Situation auf eine gemeinsame Sichtweise einigen – gemeinsam eine Vereinbarung darüber

die unterschiedliche Sicht der Dinge abgleichen

treffen, was in dem weiteren Gespräch als zugrunde liegende Wirklichkeit gelten soll.

Keine Frage also, dass es ein sehr hoher Anspruch ist, eine Situation wirklich neutral analysieren zu wollen. Ohne diesen Anspruch jedoch wird es schwer, in dieser Gesprächsphase die tragfähige Basis für die weiteren Phasen und für das Gesprächsziel zu schaffen.

Über Meinungen zu diskutieren ist besser als Behauptungen auszutauschen

Ein kleiner aber wesentlicher Unterschied ist die Frage, ob in einem CoachingDialog Meinungen im Mittelpunkt stehen oder Behauptungen. Eine Meinung beispielsweise ist eine Aussage wie *»Ich bin der Meinung, dass Ihre Planung noch verbessert werden kann«* – die Behauptung wäre *»Ihre Planung ist noch verbesserungsfähig«*. Wenn der Mitarbeiter auf die Meinung des Coaches antwortet *»Ich meine andererseits, dass jedes Mehr an Planung zu viel Zeit kostet«* kann das Gespräch weitergeführt werden. Wenn er sich jedoch auf die Behauptung einer Führungskraft hin verteidigt und sagt *»Das stimmt überhaupt nicht!«*, ist eine Patt-Situation entstanden. Behauptung steht gegen Behauptung – es geht gar nicht oder nur unter Schwierigkeiten weiter.

Behauptungen können eine Verteidigungshaltung provozieren

»Was genau geschieht gegenwärtig?«

Die Ausgangsfrage für diese Phase lautet: *»Was genau geschieht gegenwärtig?«* Unter dieser Fragestellung werden alle Elemente geklärt, die zur vollständigen und neutralen Beschreibung der Situation gehören. Wichtig ist es dabei, von Tatsachen auszugehen und nicht von Annahmen oder Hypothesen. Auch ist es sinnvoll, darauf zu achten, dass es keine Verknüpfungen zu einer wie auch immer gearteten Vorgeschichte gibt. Wenn ein Gesprächstrend nach dem Motto entsteht *»Ich habe ja seinerzeit nur, weil ...«*, landet man schnell »bei Adam und Eva«, ohne dass dadurch das Gespräch nennenswerte Fortschritte macht.

Es kommt auch darauf an, sich in dieser Gesprächsphase noch nicht auf Lösungsideen zu konzentrieren. Zuerst muss die Situation an sich klar sein – sonst ist die Gefahr groß, dass entwickelte Lösungen nicht fundiert sind, weil Teile der Ausgangssituation noch nicht in die Betrachtung einbezogen worden sind.

Phase 4: Lösungsmöglichkeiten sammeln und bewerten

Für die meistern Probleme gibt es mehr als eine Lösung. Um sicherzugehen, dass ein Problem wirklich nachhaltig gelöst wird, ist es daher auf jeden Fall sinnvoll, sich gemeinsam über verschiedene Lösungsansätze Gedanken zu machen. »Gedanken machen« bedeutet für viele Führungskräfte: *»Ich weiß schon, welche Lösung passt«.*

Der Coach dagegen hat vielleicht schon im Laufe des Gesprächs bis hier schon die eine oder andere Idee für eine Lösung des Problems gehabt, aber für sich beschlossen, diese Lösungen zunächst einmal zurückzustellen. Dies zum einen, um abzuwarten, ob aufgrund weiterer Fakten vielleicht die Lösung doch nicht passt – zum anderen, weil er davon ausgeht, dass der Mitarbeiter selbst eine ausreichende Menge an Ideen entwickeln wird; vorausgesetzt, er hat den Freiraum und die Möglichkeit dazu.

In der Phase 4 steht die Frage im Mittelpunkt: *»Welche Möglichkeiten oder Optionen hat der Mitarbeiter in der Situation?«*

»Welche Möglichkeiten oder Optionen hat der Mitarbeiter in der Situation?«

Die Blickrichtung ändert sich: Jetzt geht es um die Zukunft, während sich in der Phase 3 die Gesprächspartner auf die Gegenwart konzentriert hatten.

Vorschläge sind bekanntlich auch Schläge

Deshalb wird der Coach seine Lösungsvorschläge nur dann ganz gezielt einsetzen, wenn dem Mitarbeiter zunächst keine Lösungen einfallen oder wenn er zumindest keine Lösungsideen nennt. In einem solchen Fall kann der vom Coach kommende Vorschlag gewissermaßen der »Katalysator« für die Ideen des Mitarbeiters sein – der Vorschlag des Coaches setzt bei ihm also Ideen frei, wie das Problem gelöst werden könnte.

der Coach als »Katalysator« für die Lösungsvorschläge des Mitarbeiters

Während des Sammelns von Lösungsideen gilt eine wichtige Regel für den Coach: keinerlei Bewertung – vor allem keinerlei Abwertung – der genannten Ideen. Die Führungskraft wird von ihrem Selbstverständnis her schnell und treffsicher jede Idee konsequent als gut oder schlecht bewerten. Dies tut sie sowohl verbal als auch nonverbal. Kommentare wie *»Das ist doch unrealistisch«* oder *»Das können Sie getrost vergessen – das geht bei uns nicht«* fallen in die Kategorie der sog. Killerphrasen: Diese Kommentare frustrieren den Mitarbeiter schnell, was dazu führt, dass er keine Lösungsideen mehr entwickelt oder nennt. Der Ideenfluss wird schnell und wirkungsvoll »gekillt«.

Bewertung der gesammelten Ideen

Sobald die Lösungsideen komplett zu sein scheinen, kommt der nächste Schritt: Nun müssen die gesammelten Ideen bewertet werden. Die Bewertung ist dann die Grundlage für eine fundierte Auswahlentscheidung. Sinnvolles Bewerten ist keine Frage von persönlichen Standpunkten und sollte auch in der Regel nicht »aus dem Bauch heraus« erfolgen. Wirklich fundiert und nachvollziehbar ist eine Entscheidung nur dann, wenn für beide Gesprächspartner die Kriterien transparent sind.

Festlegen der Entscheidungskriterien

Das Festlegen der Entscheidungskriterien erfolgt gerade im CoachingDialog im Rahmen der bekannten Gesprächsphilosophie: Der Coach führt den Mitarbeiter lediglich dann durch gezielte Fragen zu einer Aussage, welche Kriterien aus seiner Sicht sinnvoll sind und ergänzt bzw. modifiziert werden müssen, wenn auf dem von ihm eingeschlagenen Weg keine Kriterien zu finden sind.

Beispiele für Kriterien:

- Welche Lösung ist am schnellsten umgesetzt?
- Welche Lösung kann ohne Einbeziehung Dritter realisiert werden?
- Welche Lösung ist mit dem geringsten Aufwand zu bewerkstelligen?
- Welche Lösung ist am preiswertesten?
- Welche Lösung wirkt am nachhaltigsten?

Entscheidend ist natürlich in erster Linie die Frage, welche Lösung sich der Mitarbeiter zutraut oder für welche Lösung aus Sicht des Vorgesetzten seine Fähigkeiten kurzfristig weiterentwickelt und seine Potenziale realisiert werden können.

In einfachen Situationen ist eine Entscheidung manchmal offensichtlich – wenn die Zeit knapp ist, wird sicherlich die Auswahl aus mehreren Lösungen unter der Fragestellung *»Welche Lösung ist am schnellsten realisiert?«* getroffen werden. In komplexeren Situationen müssen mehrere Kriterien miteinander verknüpft werden: *»Was wirkt am schnellsten und ist kostenneutral?«*

Phase 5: Konkrete Maßnahmen definieren

Das Thema ist nun strukturiert und in den bisherigen 4 Phasen detailliert so weit behandelt, dass es nun nur noch um die Frage der aus dem Gespräch abzuleitenden Handlungen geht – was geschieht nach dem Gespräch?

Am Ende des CoachingDialogs muss zweifelsfrei feststehen, was konkret nun die nächsten Schritte und Aktivitäten sein werden, mit denen das nächste Ziel anvisiert wird. Die Aktivitäten müssen nachvollziehbar und überprüfbar sein. Und es muss eindeutig vereinbart sein, in welchem Umfang es Unterstützung durch den Coach oder andere geben wird.

Was sind die nächsten Schritte?

Die jetzt also noch zu klärende letzte Fragestellung ist: *»Was ganz konkret wird der Mitarbeiter jetzt tun und welche Unterstützung leistet der Coach?«*

Damit die vereinbarten Aktivitäten auch zweifelsfrei feststehen und so auch nachvollziehbar und überprüfbar werden, bietet sich wieder das Sechs-W-Schema der Delegation als Hilfestellung an: *»Wer macht was wozu bis wann in welcher Qualität unterstützt durch wen?«*

Unter dem Prozessgedanken des Coaching muss allerdings ergänzend noch die Frage beantwortet sein: *»Wer übernimmt zu welchem Zeitpunkt die Verantwortung für die Kontrolle?«*

2.1 Wirkungsvolles Controlling der Umsetzung

Das wirkungsvollste Controlling findet natürlich in einem weiterführenden Gespräch zu einem schon im CoachingDialog vereinbarten Zeitpunkt statt. Wichtig ist im Sinne des Coaching hier wieder die Unterscheidung zwischen der Rolle der Führungskraft und der Rolle des Coaches.

Die Führungskraft wird eher dafür sorgen, dass sie selbst den Fortschritt überwacht und sich dafür die notwendigen Informationen beschafft. Der Coach gibt auch die Verantwortung für das Controlling so weit wie möglich an den Mitarbeiter weiter; er ist sich aber bewusst und macht dem Mitarbeiter auch deutlich, dass er selbst die Gesamtverantwortung hat und insofern auch ein Interesse daran haben wird, über den Fortgang informiert zu sein.

Der Coach gibt auch die Verantwortung für das Controlling so weit wie möglich an den Mitarbeiter weiter

Dieses Informieren wird dann in erster Linie in gelegentlichen Nachfragen bestehen, dessen Intensität sich daran orientiert, wie eigenständig der Mitarbeiter handelt oder inwieweit er eine zusätzliche Unterstützung benötigt. Deshalb sollten diese Controllingschritte auch bereits in der letzten Phase des CoachingDialoges vereinbart worden sein.

Vertrauen auf der Basis einer tragfähigen Vereinbarung

Der Coach ist bereit, Vertrauen in den Mitarbeiter zu setzen. Allerdings kein blindes Vertrauen, sondern ein Vertrauen, das darauf basiert, dass aus einem fundierten Dialog heraus eine tragfähige Vereinbarung getroffen worden ist. Deshalb wird der Coach auch nicht ohne Not eingreifen. Er muss letztlich darauf bauen, dass der Mitarbeiter der Eigenverantwortung gerecht wird. Jedes unnötige Eingreifen würde die Methodik und Intensität des CoachingDialogs infrage stellen.

Die Wirkung unnötiger und nicht vereinbarter Kontrolle auf den Mitarbeiter wäre eher negativ: *»Wozu treffe ich Vereinbarungen, wenn mein Vorgesetzter sich doch nicht daran hält«* wäre die logische Frage des Mitarbeiters. Mit negativer Langzeitwirkung: Künftige CoachingDialoge würden mit großer Wahrscheinlichkeit erheblich erschwert werden.

3 Welcher Coachingstil eignet sich für wen in welcher Situation?

Aus verschiedenen Modellen, die versuchen, Coachingstile zu identifizieren, liefern die Gedanken von John Heron einen breit angelegten Ansatz, um

- das eigene Coachingverhalten strukturiert zu reflektieren,
- eine individuelle Ausrichtung des eigenen Coachingverhaltens auf den einzelnen Mitarbeiter zu erleichtern,
- für sich persönlich eine generelle Entwicklungsrichtung für die eigene Rolle als Coach zu bestimmen.

Das Modell unterscheidet zunächst zwischen dem

- Push-Stil, bei dem der Coach eine stärker leitende Rolle einnimmt und dem
- Pull-Stil, bei dem der Coach eine stärker fördernde Rolle einnimmt.

Die Push-Stile liegen noch dicht am Verständnis und Verhalten der Führungskraft – die Pull-Stile beschreiben dagegen ein eindeutig von der Führungsrolle abgegrenztes Verhalten. So betrachtet, könnte man eine Veränderung des Führungsverhaltens vom Push- zum Pull-Stil auch als einen Prozess »von der Führungskraft zum Coach« beschreiben.

Hintergrund dieser Differenzierung und Kategorisierung der Coachingstile ist hier allerdings die Fragestellung, in welcher Situation und mit welcher Zielsetzung in Bezug auf den Entwicklungsbedarf des zu coachenden Mitarbeiters welcher Stil angebracht ist.

Andererseits ist es aber auch so, dass mancher Coach auch seinen individuell bevorzugten Stil praktiziert. Das Modell hilft Ihnen daher zum einen zu erkennen, welchen persönlichen Stil Sie als Coach bevorzugen und zum anderen bietet es eine Entscheidungshilfe für das in bestimmten Konstellationen mit einer ganz bestimmten Zielsetzung sinnvolle Coachingverhalten.

Entscheidungshilfe für das in bestimmten Konstellationen mit einer ganz bestimmten Zielsetzung sinnvolle Coachingverhalten

3.1 Die Push-Stile:

Push-Stil »Informieren«

Hier ist die primäre Zielsetzung, dem Mitarbeiter Wissen zu vermitteln und ihm fehlende Informationen zu geben. Dieser Stil eignet sich, wenn

dem Mitarbeiter Wissen vermitteln und ihm fehlende Informationen geben

- der Mitarbeiter nicht weiß, wie und wo er bestimmte Informationen erhalten kann,
- ihm zu seinem Wissen bestimmte Aspekte definitiv fehlen,
- er eine aktuelle Entwicklung mangels Kenntnissen nicht verstehen kann,
- es wichtig und unumgänglich ist, dass Sie als Coach eigene Erfahrungen weitergeben.

Beispiele:

- *»Wichtige Informationen zu dem Auftrag finden Sie im Bericht vom 27.11.02 in der Projektakte Telekommunikation.«*
- *»Wenn Sie mit dem Programm nicht zurechtkommen, können Sie unter dem Symbol ›?‹ die Hilfefunktion aufrufen.«*
- *»Diese Lösung können wir nicht weiterverfolgen, weil die Budgets vor zwei Tagen eingefroren wurden.«*
- *»Ich hatte bei meiner ersten Präsentation vergessen, vorher die Technik zu überprüfen und mir damit eine Menge Probleme eingehandelt.«*

notwendige Fähigkeiten des Coachs

Für den Coach kommt es bei dieser Variante darauf an, dass er die Fähigkeit hat,

- seine Informationen klar und verständlich zu vermitteln,
- zu überprüfen, ob die Informationen auch so verstanden wurden, wie er sie vermitteln wollte,
- zu Fragen anzuregen und diese gezielt so zu beantworten, dass er weiteres relevantes Know-how vermittelt.

Risiken und Fallstricke dieser Methode

Die Risiken und Fallstricke in dieser Methode liegen darin, dass der Coach

- zu viele Informationen liefert und den Mitarbeiter überfordert,
- seine Informationen nicht hinreichend strukturiert und selektiert,
- nicht begründet, warum diese Informationen wichtig sind,
- sich auf das Lehren konzentriert und nicht auf das Lernen des Mitarbeiters.

Push-Stil »Vorschreiben«

klare Anleitung, fundierter Rat und Empfehlungen, die auf eigenem Know-how basieren

Im Vordergrund dieses Coachingstils stehen die klare Anleitung, der fundierte Rat und das Geben von Empfehlungen, die auf eigenen Erfahrungen und auf eigenem Know-how basieren.

Hier ist die primäre Zielsetzung, den Mitarbeiter zu unterstützen

- beim Entwickeln von Selbstvertrauen,
- wenn er den eigenen Lernprozess noch nicht selbst steuern kann,
- wenn es rechtliche oder ethische Restriktionen oder Sicherheitsrichtlinien gibt, gegen die nicht verstoßen werden darf.

Beispiele:

- *»Denken Sie auf jeden Fall daran, diese Zahlen in den Bericht einzuarbeiten.«*
- *»Haben Sie darüber schon mit der Marketingabteilung gesprochen?«*
- *»Ich schlage vor, dass Sie an diesem Training teilnehmen.«*
- *»Bei einem Verstoß gegen diese Richtlinien kann Sie das Unternehmen nicht vor Strafe schützen, deshalb sind die Richtlinien unbedingt einzuhalten!«*

Für den Coach kommt es bei dieser Variante darauf an, dass er die Fähigkeit hat,

notwendige Fähigkeiten des Coachs

- Lernbedürfnisse zu erkennen,
- Einsicht in Lernprozesse zu nehmen,
- klare und prägnante Anweisungen zu geben,
- bei seinen Anweisungen zu erklären, warum etwas zu tun bzw. zu lassen ist,
- eine motivierende Gesprächsführung zu praktizieren.

Die Risiken und Fallstricke dieser Methode liegen darin, dass der Coach

Risiken und Fallstricke dieser Methode

- möglichweise unerwünschte Ratschläge gibt,
- dem Mitarbeiter Lösungen aufzwingt,
- eine Abhängigkeit schafft,
- zu zögernd vorgeht, wenn Festigkeit gefragt ist,
- Kontrolle im Übermaß praktiziert.

Push-Stil »Konfrontieren«

Der konfrontative Stil wird eingesetzt, um wichtige Aspekte eindringlich ins Bewusstsein des Mitarbeiters zu heben. Er zielt auch darauf ab, dass beim Mitarbeiter die Bereitschaft entsteht, seine bisherigen Annahmen infrage zu stellen, zu überdenken und – wo nötig und sinnvoll – zu ändern.

wichtige Aspekte eindringlich ins Bewusstsein des Mitarbeiters heben

Hier ist die primäre Zielsetzung,

- dem Mitarbeiter die Folgen und Konsequenzen seines Handelns aufzuzeigen,
- ihn aufzufordern, seine Annahmen zu überdenken und infrage zu stellen,
- ihm auch die Wahrnehmungen anderer bewusst zu machen,
- das Selbstvertrauen des Mitarbeiters durch Erfolgsbestätigung zu stärken.

Beispiele:

- *»Wegen Ihres Fehlers wurde die Auslieferung an den Kunden verpasst; nun liegt eine massive Beschwerde des Kunden vor!«*
- *»Nehmen Sie etwa an, dass dieser Fall mit dem vom letzten Jahr identisch ist und dass das Problem genau das gleiche ist?«*
- *»Ihre Reaktion auf seine Ideen hat ihn sehr gekränkt.«*
- *»Über Ihren letzten Bericht habe ich viel Lob aus anderen Abteilungen gehört!«*

notwendige Fähigkeiten des Coachs

Für den Coach kommt es bei dieser Variante darauf an, dass er die Fähigkeit hat,

- direkte und durchaus kritische Fragen zu stellen,
- klares und konstruktives Feedback zu geben,
- defensive Entschuldigungen zu erkennen und gezielt infrage zu stellen,
- dem Mitarbeiter Raum zu geben, um über seine Annahmen und Vorhaben nachzudenken.

Risiken und Fallstricke dieser Methode

Die Risiken und Fallstricke in dieser Methode liegen darin, dass der Coach

- doch die neuralgischen Punkte vermeidet,
- in eine bestrafende Haltung verfällt,
- beim Mitarbeiter durch ein kritisches, elternähnliches Verhalten negative Erinnerungen an die erlebte Erziehung und damit Widerstände auslöst,
- Urteile über den Charakter des Mitarbeiters fällt,
- wegen trivialer Probleme unnötige Konfrontationen auslöst,
- durch seine Intervention eine Eskalation der Situation auslöst und die Problematik auf eine Gewinner/Verlierer-Konstellation hinausläuft.

3.2 Die Pull-Stile

Die Pull-Stile liegen näher beim eigentlichen Coachingverständnis

Die Pull-Stile liegen näher beim eigentlichen Coachingverständnis und sind eindeutiger von der Rolle der Führungskraft abgegrenzt.

Pull-Stil »Kathartisch lösen«

Beim kathartischen Pull-Stil steht die Absicht im Vordergrund, Blockaden beim Mitarbeiter dadurch aufzulösen oder aufzuweichen, dass hemmende und unangemesse Emotionen erkannt und freigesetzt werden. (»Katharsis« bezeichnete in der griechischen Antike den Prozess der emotionalen Abreaktion durch die Wirkung des klassischen Trauerspiels.)

Hier ist die primäre Zielsetzung,

- die Scheu vor Risiken oder einem Versagen zu relativieren,
- den Mitarbeiter zu bestärken, wenn er sich selbst als nicht kompetent genug einschätzt,

- den Mitarbeiter aus einer Situation der Demotivation, Frustration oder des Ärger herauszuführen.

BEISPIELE:

- *»Weshalb sind Sie bei dieser Angelegenheit nicht so zuversichtlich?«*
- *»Worin sehen Sie hier konkret das Problem?«*
- *»Ich habe den Eindruck, dass Sie sich über diese Entwicklung ziemlich ärgern.«*
- *»Erzählen Sie mal, wie es Ihnen mit dieser Aufgabe im Moment so geht!«*

notwendige Fähigkeiten des Coachs

Für den Coach kommt es bei dieser Variante darauf an, dass er die Fähigkeit hat,

- aktiv zuzuhören oder »hinzuhören«,
- empathische Fragen zu stellen,
- sich in die Situation und Gefühlswelt des Mitarbeiters hineinzuversetzen,
- Feedback über die eigenen Wahrnehmungen zu geben,
- eine Atmosphäre des Vertrauens und der Unterstützung zu schaffen.

Risiken und Fallstricke dieser Methode

Die Risiken und Fallstricke in dieser Methode liegen darin, dass der Coach

- zu viel redet und zu wenig zuhört,
- das Ausdrücken von Emotionen erschwert,
- zu viel Zeit in das Gespräch investiert,
- zu engagiert und tiefschürfend vorgeht,
- zu stark mit dem Mitarbeiter sympathisiert,
- die Äußerungen über die Gefühle des Mitarbeiters bewertet oder bestreitet.

Pull-Stil »Unterstützen«

den Mitarbeiter in seinen bisherigen Erfolgen und Schritten bestätigen und aufwerten

In dieser Variante wird der Coach sich stark darauf konzentrieren, den Mitarbeiter in seinen bisherigen Erfolgen und Schritten zu bestätigen und aufzuwerten und ihm damit gewissermaßen eine »moralische« Unterstützung zu vermitteln.

Hier ist die primäre Zielsetzung, ein positives Selbstwertgefühl zu entwickeln und zu stärken, also

- das Vertrauen in die eigenen Fähigkeiten aufzubauen,
- den Mitarbeiter zum Eingehen von Risiken zu ermutigen,

- Erfolge ideell zu belohnen und Anstöße für weitere Lernschritte zu geben.

BEISPIELE:

- *»Sie haben diese Zahlen sehr gut aufgearbeitet.«*
- *»Ich werde nächste Woche hier sein, falls Sie noch Unterstützung brauchen sollten.«*
- *»Ich bin sicher, dass Sie auf diesem Weg Erfolg haben werden.«*
- *»Machen Sie sich nichts daraus, wenn jetzt noch Details fehlen.«*

notwendige Fähigkeiten des Coachs

Für den Coach kommt es bei dieser Variante darauf an, dass er die Fähigkeit hat,

- Wertschätzung und Zufriedenheit auszudrücken,
- zuversichtlich zu sein und diese Zuversicht auch ausdrücken zu können,
- eigene Fehler mitzuteilen,
- zu Selbstbewusstsein zu ermutigen, ohne dass das manipulativ wirkt,
- sich zu entschuldigen, wenn es einen entsprechenden Anlass gegeben hat.

Risiken und Fallstricke dieser Methode

Die Risiken und Fallstricke in dieser Methode liegen darin, dass der Coach

- eine zu gönnerhafte Haltung einnimmt,
- seine Unterstützung mit der Ja,-aber-Technik anbietet und damit Widerstände auslöst,
- durch Übertreiben unglaubwürdig wirkt,
- durch eine kritische Grundeinstellung Schwierigkeiten hat, die notwendige positive Unterstützung wirklich zu geben,
- gemischte und schwer differenzierbare Signale aussendet.

Pull-Stil »Katalytisch«

eigentliche klassische Variante des Coaching: Selbstentdecken und selbst gesteuertes Lernen des Mitarbeiters

Nun sind wir an der eigentlichen, der klassischen Variante des Coaching angelangt. Beim katalytischen Stil steht eindeutig das Selbstentdecken und das selbst gesteuerte Lernen des Mitarbeiters im Vordergrund. So betrachtet, setzt diese Coachingvariante beim Mitarbeiter schon eine fortgeschrittene Entwicklung voraus; der katalytische Stil kann insofern in einem längeren Coachingprozess die zuletzt verstärkt oder ausschließlich praktizierte Version sein.

Hier ist die primäre Zielsetzung
- ein noch höheres Verständnisniveau zu erreichen,
- Mut zu machen, weitergehende Verantwortung zu übernehmen,
- die Eigenmotivation zu verstärken oder zu aktivieren und zu weiterem Engagement anzuregen.

Beispiele:
- *»Welchen Rat würden Sie jemandem in dieser Angelegenheit geben.«*
- *»Wie wollen Sie mit dieser Aufgabe anfangen?«*
- *»Was würden Sie beim nächsten Mal anders machen?«*
- *»Wie wichtig ist Ihnen das – was bedeutet Ihnen diese Aufgabe persönlich?«*

notwendige Fähigkeiten des Coachs

Für den Coach kommt es bei dieser Variante darauf an, dass er die Fähigkeit hat,
- Fragen in einer großen Bandbreite und vielen Variationen zu stellen,
- nachzudenken und zu umschreiben,
- Neugierde zu wecken,
- die »Hände in den Taschen zu behalten«, das heißt wirklich den Mitarbeiter aktiv werden zu lassen und den eigenen Anteil auf ein Minimum zu reduzieren,
- auch mal nur zuzuhören, zu schweigen und entstehende Pausen auszuhalten.

Risiken und Fallstricke dieser Methode

Die Risiken und Fallstricke in dieser Methode liegen darin, dass der Coach
- zu viele geschlossene Fragen stellt und damit zu stark Lösungen vorgibt,
- zu früh zu viel Struktur einfließen lässt,
- nur mit anderen Worten vorschreiben will,
- seiner eigenen Neugierde folgt statt dem Weg des Mitarbeiters,
- die Ziele nicht klar genug herausstellt.

3.3 Ihr persönlicher Weg zum Coach – Ihre individuelle Strategie

Für Sie als künftigen Coach oder als Coach, der seine Aufgabe noch bewusster und effektiver bewältigen möchte, kann es

zwei Konsequenzen aus den vorgenannten Coachingstilen

hilfreich sein, wenn Sie für sich aus den vorgenannten Coachingstilen zwei Konsequenzen ableiten, indem Sie folgenden Fragen nachgehen:

1. Können Sie unter den vorgestellten Coachingstilen einen Stil ausmachen, zu dem sie persönlich am meisten tendieren?

2. Sehen Sie sich unabhängig von diesem bevorzugten Stil in der Lage, jeweils mitarbeiter- und situationsbezogen denn sinnvollsten Stil einzusetzen?

Entscheidend für Ihr Verhalten und Ihren Erfolg als Coach sind die beiden Kriterien »erfolgreiche Bewältigung der in Ihrem Verantwortungsbereich anfallenden Aufgaben« und »die Zufriedenheit und das Engagement der Mitarbeiter«.

Während die aufgabenbezogenen Ergebnisse in der Regel recht gut nachvollziehbar sind, sind Engagement und Zufriedenheit der Mitarbeiter dagegen nicht ohne weiteres messbar. Nutzen Sie daher auch immer wieder die Gelegenheit, Ihre Mitarbeiter um ein Feedback zu ihrer Arbeitszufriedenheit und zu Ihrem Coachingverhalten zu bitten.

»Energiesparend führen« – dieser Untertitel des Buches sollte die Devise des Coachs sein. Mit dem gleichen Aufwand mehr bewirken – wäre das nicht ein anstrebenswertes Ziel? Allerdings gilt auch für Ihre Entwicklung als Coach der Prozessgedanke – es genügt nicht die einmalige Entscheidung ab sofort Coach zu sein – es ist ein langer Weg, der jeden Tag neue Herausforderungen stellen kann.

Dazu wünsche ich Ihnen persönlich ein klares Ziel und Beharrlichkeit auf dem Weg dahin!

Weiterführende Literatur

- GORDON, TH.: Managerkonferenz. München 1995
  Gordon veranschaulicht an praxisbezogenen Beispielen verschiedene Teilbereiche des Themas Führen. Kooperation und Konfliktbewältigung sind zentrale Themen dieses Buches.
- HENTZE, H./MÜLLER, K.-D./SCHLICKSUPP, H.: Praxis der Managementtechniken. München 1990
  Managementkonzeptionen, Kreativitätstechniken, Führungs- und Verhandlungstechniken sind die Schwerpunktthemen. Fallstudien helfen, die einzelnen Themenbereiche intensiv zu erarbeiten.
- HERZLIEB, H.-J.: Erfolgreich verhandeln und argumentieren. Berlin 2000
  Coaching setzt vielfach erfolgreiches Verhandeln voraus. Das Buch bietet umfassenden und praxisnahen Einblick in die Techniken des Verhandelns und in die Kunst der Argumentation.
- LAY, R.: Dialektik für Manager. München 2001
  Mit fairer Dialektik andere zu überzeugen und sich gegen unfaire Dialektik anderer zu wehren, ist der zentrale Inhalt des Buches. Der Leser erhält sehr viele »Rezepte«, wie er sich in schwierigen Gesprächssituationen besser behaupten kann.
- SCHULZ V. THUN, F.: Miteinander reden 1/Störungen und Klärungen. Reinbek 1981
  Der Autor schildert das Thema Kommunikation sowohl in grundlegender als auch in anwendungsbezogener Form kurz, prägnant und leicht verständlich. Ein Muss für jeden, der führen und sich zum Coach entwickeln möchte.
- SPRENGER, K.H.: Mythos Motivation. Frankfurt/New York 2002
  Der Autor verdeutlicht, dass viele der »gängigen« Motivationsmethoden letztlich manipulativen Charakter haben und deswegen gerade das Gegenteil erreichen. Gleichzeitig zeigt der Autor praktikable Wege auf, dem Führungsinstrument Motivation eine neue Qualität zu geben.
- STROEBE R.W./STROEBE G.H.: Führungsstile. Heidelberg 1996
  Eine umfassende Darstellung der gängigen Managementtechniken. Breiten Raum nimmt hierbei die Schilderung des Management by Objektives oder Führens durch Zielvereinbarungen ein.
- STROEBE R.W./STROEBE G.H.: Grundlagen der Führung. Heidelberg 1996
  Das Buch bietet grundlegende Informationen zum Thema Führen: Aufgaben der Führungskraft, Aufgaben der Mitarbeiter, Führungsmodelle und Führungsverhalten sind die zentralen Themen.
- ULRICH, F.: Cheffing – Führen von unten. Berlin 2001
  Der Coach setzt sich oft für die Vorstellungen und Ideen seiner Mitarbeiter an höherer Stelle ein. Wie man sich Vorgesetzten gegenüber erfolgreich behaupten kann, zeigt dieses Buch mit vielen Praxisbeispielen.

Stichwortverzeichnis

Das professionelle 1 x 1

Dieter Herbst
PUBLIC RELATIONS
1997. 180 Seiten.
Kartoniert. Mit teils farbigen Beispielen
13,95 €
ISBN 3-464-49031-9

Dieter Herbst
CORPORATE IDENTITY
1998. 176 Seiten.
Kartoniert. Mit teils farbigen Beispielen
13,95 €
ISBN 3-464-49032-7

Mike Barowski
TEXTGESTALTUNG
1997. 176 Seiten.
Kartoniert. Mit zahlreichen teils farbigen Beispielen. 13,95 €
ISBN 3-464-49033-5

Joachim W. Steuck
GESCHÄFTSERFOLG IM INTERNET
1998. 176 Seiten.
Kartoniert.
13,95 €
ISBN 3-464-49015-7

Jörg Brandt u. a.
AKTIV VERKAUFEN – BESSER VERKAUFEN
1998. 180 Seiten. Kartoniert. Mit zahlreichen Beispielen. 13,95 €
ISBN 3-464-49036-x

Klaus Schwantes
ZEITARBEIT
2. Aufl. 2000.
172 Seiten.
Kartoniert.
13,95 €
ISBN 3-464-49042-4

Burkhard G. Busch
AKTIVE KUNDENBINDUNG
1998. 176 Seiten.
Kartoniert.
13,95 €
ISBN 3-464-49041-6

Burkhard G. Busch
ERFOLG DURCH NEUE IDEEN
1999. 208 Seiten.
Kartoniert.
15,95 €
ISBN 3-464-49023-8

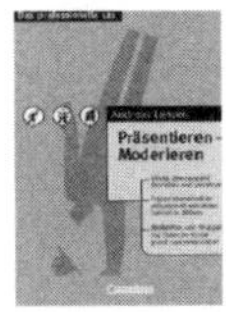

Andreas Lenzen
PRÄSENTIEREN – MODERIEREN
1999. 176 Seiten.
Kartoniert.
13,95 €
ISBN 3-464-49046-7

Erhard Schätzlein
Ines Rothe
KUNDENORIENTIERT KORRESPONDIEREN
1999. 192 Seiten.
Kartoniert. 13,95 €
ISBN 3-464-49045-9

Hans-Michael Klein
KUNDENORIENTIERT TELEFONIEREN
1999. 176 Seiten.
Kartoniert.
13,95 €
ISBN 3-464-49021-1

Brockhagen/Kowitz
TELEARBEIT
1999. 176 Seiten.
Kartoniert.
13,95 €
ISBN 3-464-49025-4

Dieter Herbst
INTERNE KOMMUNIKATION
1999. 176 Seiten.
Kartoniert.
13,95 €
ISBN 3-464-49038-6

Joachim Steuck
BUSINESS PLAN
1999. 176 Seiten.
Kartoniert.
13,95 €
ISBN 3-464-49028-9

Burkhard G. Busch
ERFOLG MIT MITARBEITERN IN KLEINEREN UNTERNEHMEN
2000. 176 Seiten.
Kartoniert. 13,95 €
ISBN 3-464-49044-0

Mike Barowski
Achim Müller
ONLINE-MARKETING
2000. 176 Seiten.
Kartoniert. 13,95 €
ISBN 3-464-49071-8

Dieter Herbst
ERFOLGSFAKTOR WISSENSMANAGEMENT
2000. 192 Seiten.
Kartoniert. 13,95 €
ISBN 3-464-49072-6

Heinz-Jürgen Herzlieb
ERFOLGREICH VERHANDELN UND ARGUMENTIEREN
2000. 186 Seiten.
Kartoniert. 13,95 €
ISBN 3-464-49022-x

Das professionelle 1 x 1

Klaus Beckmann/
Rolf Müller-Martin
Erfolgreiche Messeauftritte
2000. 176 Seiten.
Kartoniert. 13,95 €
ISBN 3-464-49070-x

Katrin Hansen
Zeit- und Selbstmanagement
2001. 192 Seiten.
Kartoniert. 13,95 €
ISBN 3-464-49020-3

Dieter Herbst
Online-Public Relations
2001. 176 Seiten.
Kartoniert. 13,95 €
ISBN 3-464-49075-0

Burkhard B. Busch
Alfred Hölzner
Aktien und Börse – 61 Antworten für Einsteiger
2001. 208 Seiten.
Kartoniert. 13,95 €
ISBN 3-464-49047-5

Friedrich Ulrich
Cheffing – Führen von unten
2001. 192 Seiten.
Kartoniert. 13,95 €
ISBN 3-464-49076-9

Brigitte Arms
Local-Marketing
2001. 176 Seiten.
Kartoniert. 13,95 €
ISBN 3-464-49081-5

Dieter Herbst
E-Branding – starke Marken im Netz
2002. 208 Seiten.
Kartoniert. 13,95 €
ISBN 3-464-49078-5

Stephan Schäfer
Event-Marketing
2002. 176 Seiten.
Kartoniert. 13,95 €
ISBN 3-464-49079-3

Volker Hoffmann
Überzeugend Vorträge halten
2002. 176 Seiten.
Kartoniert. 13,95 €
ISBN 3-464-49085-8

Hans-Michael Klein
Benimm im Business
2002. 184 Seiten.
Kartoniert. 13,95 €
ISBN 3-464-49083-1

Sabine Kramer
Marion Etti
Office-Management
2002. 176 Seiten.
Kartoniert. 13,95 €
ISBN 3-464-49089-0